KB203842

복 있는 사람

오직 여호와의 율법을 즐거워하여 그 율법을 주야로 묵상하는 자로다.
저는 시냇가에 심은 나무가 시절을 좇아 과실을 맺으며 그 잎사귀가 마르지 아니함 같으니
그 행사가 다 형통하리로다. (시편 1:2-3)

한국의 첫 번째 베리타스포럼을 과학자와 철학자의 '콜라보' 강연으로 꾸밀 때, 우발적인 모험이겠다 싶었다. 광대한 우주로부터 시작된 강연이 헌신을 이끌어 내는 진리의 갈망으로 끝나고, 수백 명 청중과 강연자들이 유쾌한 질문과 답변을 이어가자, 강연도 창조주의 신묘막측한 모험이 될 수 있음에 소름이 돋았다. 여기서 끝나지 않고, 베리타스포럼 현장의 강렬했던 스파크가 철학자 강영안과 과학자 우종학 교수의 『대화』라는 지면으로 옮겨져 단단하게 묶였다. 오늘 여기에서 여전히 '존재'와 '진리'로 고민하는 분들에게 그날의 모색과 연대를 선물한다.

조영헌 고려대학교 역사교육과 교수

하나님을 고백하는 신앙이, 논리적으로 말이 안 되지만 믿음으로 선포해야 하는 옹색하면서도 비타협적 태도를 요구하는 체계, 그래서 자꾸 질문해서도 안 되고 의심해서도 안 되는 그런 허약한 체계가 아니라, 오히려 우주와 인간의 존재, 진리에 대해 무신론 체계보다 현실을 잘 반영하며 논리적으로 타당하게 설명할 수 있는 세계관임을, 본서의 두 강연자는 차근차근 쉽고 간결하면서도 탁월하게 풀어냈다. 두 사람의 강연뿐 아니라 두 사람이 함께 나눈 대담 내용 역시 중요한 이슈들을 일관되게 설명하고 있어 우리 교회와 현실을 이해하는 데 매우 유익하다. 과학에 대해 시종일관 방어적이거나 배타적인 태도는 도리어 신앙의 협소함을 반증할 뿐, 모름지기 신앙은 이렇게 변증할 일이다.

김근주 기독연구원 느헤미야 전임연구위원

대화

강영안 |||||||||||||||||||||||||||||||||||||||||||||||||||||||||||||

철학자와 과학자, 존재와 진리를 말하다

우종학 〰〰〰〰〰〰〰〰〰〰〰〰〰〰〰〰〰
〰〰〰〰〰〰〰〰〰〰〰〰〰〰〰〰〰
〰〰〰〰〰〰〰〰〰〰〰〰〰〰〰〰〰
〰〰〰〰〰〰〰〰〰〰〰〰〰〰〰〰〰
〰〰〰〰〰〰〰〰〰〰〰〰〰〰〰〰〰
〰〰〰〰〰〰〰〰〰〰〰〰〰〰〰〰〰
〰〰〰〰〰〰〰〰〰〰〰〰〰〰〰〰〰
〰〰〰〰〰〰〰〰〰〰〰〰〰〰〰〰〰
〰〰〰〰〰〰〰〰〰〰〰〰〰〰〰〰〰
〰〰〰〰〰〰〰〰〰〰〰〰〰〰〰〰〰
〰〰〰〰〰〰〰〰〰〰〰〰〰〰〰

복 있는 사람

대화

2019년 5월 8일 초판 1쇄 발행
2019년 5월 22일 초판 2쇄 발행

지은이 강영안·우종학
펴낸이 박종현

도서출판 복 있는 사람
주소 서울특별시 마포구 연남동 246-21(성미산로23길 26-6)
전화 02-723-7183(편집), 7734(영업·마케팅) 팩스 02-723-7184
이메일 hismessage@naver.com
등록 1998년 1월 19일 제1-2280호

ISBN 978-89-6360-296-7 03230

이 도서의 국립중앙도서관 출판예정도서목록(CIP)은
서지정보유통지원시스템 홈페이지(http://seoji.nl.go.kr)와
국가자료공동목록시스템(http://www.nl.go.kr/kolisnet)에서 이용하실 수 있습니다.
(CIP 제어번호: 2019015364)

차례

대화를 열며: 존재와 진리에 관한 물음   강영안

우리 인간은 질문하는 존재입니다. 묻지 않고서는 견디지 못하는 존재가 인간입니다. 궁금증이나 호기심이 물음을 촉발합니다. 어린 고양이나 강아지한테서도 모종의 궁금증이나 호기심이 발견됩니다. 어린아이들이 유독 많이 묻는 것을 보면 동물의 경우나 사람의 경우나 큰 차이는 없는 듯합니다. 그러나 인간은 호기심을 계속 유지하여 묻고 따지고 다시 묻고 따져서, 과학과 형이상학 같은 지식을 일구어 내었습니다. 과학과 형이상학은 호기심과 상상력을 통해 지금도 많은 사람이 참여하여 묻고 토론하고 논의하는 지식의 분야입니다.

물음 가운데도 여러 종류의 물음이 있습니다. 우리의 일상에 관한 물음이 있는가 하면 정책이나 방향에 관한 물음도 있습니다. 사실에 관한 물음도 있고 가치와 의미에 관한 물음도 있습니다. 이 중에 아마도 존재와 진리에 관한 물음이 가장 보편적이고 오래되고, 그러면서도 답하기 어려운 질문이 아닐까 생각합니다. 이 질문은 과학의 물음이기도 하고 형이상학의 물음이

물음 가운데도 여러 종류의 물음이 있습니다. 아마도 존재와 진리에 관한 물음이 가장 보편적이고 오래되고, 그러면서도 답하기 어려운 질문이 아닐까 생각합니다. 기도 합니다. 이 물음을 가지고 2018년 5월 23일과 5월 24일 이틀간 고려대학교에서 한국베리타스포럼이 열렸습니다. 첫날은 오스 기니스$^{Os\ Guinness}$ 박사가 강연하고, 이튿날은 우종학 교수와 제가 강연을 했습니다.

베리타스포럼은 1992년 하버드대학교에서 처음 시작되었습니다. 진리를 중심 주제로 삼아 대학 캠퍼스에서 학생들과 교수들을 대상으로 철학, 종교, 과학 등과 관련한 여러 문제를 다루는 포럼입니다. 미국에서는 거의 30년이 넘게 진행된 포럼이나 한국에서는 2018년에 처음으로 고려대학교 기독교수모임이 중심이 되고 조영헌 교수가 실무를 맡아 베리타스포럼을 진행할 수 있었습니다. 기독교 변증 관련 저술과 강연으로 탁월성을 보여 왔던 오스 기니스 박사가 하버드 베리타스포럼 본부 주선으로 내한하였고, 한국 측에서는 저와 우종학 교수가 영예스러운 강연을 맡아 하게 되었습니다.

우종학 교수와 저는 처음부터 '콜라보' 강의를 하기로 의논하였습니다. 우종학 교수는 이미 천체물리학 분야의 탁월한 학자로 인정받고 있을 뿐 아니라 '과학과 신학의 대화'라는 학술교육단체를 만들어 신학과 성경과 과학에 걸친 문제를 활발하게 토의하고, 그렇게 토의와 논의를 거친 지식을 확산하고 교육하는 일에 깊숙이 관여하고 있는 분입니다. 존재와 진리에 관한 문제를 강연 주제로 합의하고 우 교수가 과학자 입장에서 강연한 다음 제가 철학자 입장에서 강연하기로 하였습니다.

우 교수의 강의를 따라가 보면 아시겠지만 우 교수의 논의는 과학자가 다룰 수 있는 범위를 훨씬 넘어 이미 철학자와 신학자가 할 수 있는 방식의 담론을 펼치고 있습니다. 우주가 던지는 질문과 그에 대한 응답, 그리고 단순한 앎과 인정에 그치지 않고 헌신을 요구하는 진리의 성격까지 드러내는, 매우 신뢰할 만한 지적 논의가 젊은 교수의 강의답게 박진감 있게 진행됩니다. 저의 강의도 우 교수와 마찬가지로 존재와 진리 문제를 다루되, 존재를 다룰 수 있는 세 가지 방식의 세계관(반실재론, 자연주의, 유신론)에 집중되어 있습니다. "좋은 철학은 느리다"는 격언을 따라 가능한 한 천천히, 느리게 생각을 전개한다고 했지만 어떤 경우는 너무 짧게 다루고 넘어간 문제도 있으리라 생각합니다.

고려대에서 있었던 강연은 각각 30분 분량으로 제한이 되어 있었습니다. 그래서 아쉽게도 원래 준비한 원고의 3분의 1 정도만 이야기할 수 있었습니다. 이 책은 원래 준비했던 강연 원고를 확장하고, 부족한 부분은 두 사람이 따로 만나 대담을 진행하여 조금 더 보충하였습니다. 강연과 대담을 읽는 분들은 우종학 교수와 저 사이에 생각의 차이보다는 오히려 공통점이 훨씬 더 많음을 보게 될 것입니다. 다루는 문제 자체가 워낙 크고 포괄적이며, 강연의 목적이 무신론보다는 유신론이 우주와 인간의 존재와 진리를 훨씬 현실부합적이며 논리적으로 일관성 있게 설명할 수 있는 세계관임을 변호하는 데 있었기에 차이보다는 공통점이 더 많이 드러나게 되었습니다.

베리타스포럼 한국 준비위원회를 구성하고 운영하느라 수고하신 고려대학교 역사교육과 조영헌 교수님과 진행에 수고한 조미원 박사님과 저의 1차 원고를 읽고 강연 내용에 관해서 학생 입장에서 여러 가지를 제안해 준 신진 군, 파워포인트 제작에 애써 준 제하영 양, 대담을 주선하고 진행에 참여한 복 있는 사람 박종현 대표와 문신준 팀장, 그리고 대담 사회와 편집을 맡아 진행해 주신 박동욱 님께 감사를 드립니다. 콜라보 강의에 기꺼이 동의해 주시고 함께 해주신 우종학 교수에게도 감사를 드립니다. 왜 무엇이 존재하는지, 무엇이 참인지 고민하는 분들에게 이 작은 책이 생각과 선택에 조금이라도 도움이 되길 바랍니다.

강연 하나.   우주가 던지는 질문

"우주가 던지는 질문"은 우종학 교수가 2018년 5월 24일 고려대학교에서 열린 한국베리타스포럼 이틀째 모임에서 30분간 강연한 내용을 바탕으로 구성되었으며, 『과학시대의 도전과 기독교의 응답』(새물결플러스, 2017)의 3부 "과학주의 무신론의 도전"을 출발점으로 하여 존재와 진리의 문제에 관한 확장된 논의를 담았다.

저는 2010년에 출판된 『공부하는 그리스도인』이라는 책의 추천사에 이런 글을 쓴 적이 있습니다. "짧지 않은 세월, 대학에서 공부하고 일하며 나는 두 종류의 그리스도인 학생들을 보았다. 스펙을 쌓는 자와 스펙을 포기한 자. 여러분이 대학생이라면 직업훈련학교에 온 것을 환영한다. 교육과 학문을 추구하던 대학은 좋은 스펙을 갖추고 좋은 직장을 얻기 위한 직업훈련학교로 전락했다. 진리를 추구하는 학생은 글쎄…… 잘 보이지 않는다."•

　진리에 관해 묻는 사람들을 만나기 어려운 시대입니다. 진리의 상징이던 대학도 더는 진리를 다루지 않는 곳이 되어버렸는지 모릅니다. 진리라는 말은 현대인에게는 구시대적이고 고리타분하고 실효성이 없는 말이 되었습니다. 상대주의의 시대인 오늘날에는 진리를 주장하는 것 자체를 심지어 폭력적이라고 생각하는 사람도 있습니다. 그럼에도 오늘 이 자리에 진리에

•　도널드 오피츠 · 데릭 멜러비, 이지혜 옮김, 『공부하는 그리스도인』(한국 IVP, 2010), 7-13쪽.

관해 듣기 위해 가득 모인 여러분을 보니 최소한 진리에 대한
열정만큼은 사라지지 않았다는 느낌을 받습니다. 그렇습니다.
진리에 대한 질문은 사라질 수 없습니다.

　　진리가 무엇일까요? 저는 짧은 강연 시간 동안 진리를 정
의하려는 무모한 노력을 하고 싶지는 않습니다. 인류의 지성사
를 통해 진리를 탐구한 수많은 지성과 경쟁하려는 생각도 없습
니다. 다만 과학자로서 그리고 신앙인으로서 진리에 대한 저의
사유를 여러분과 함께 나누고자 합니다.

존재하는 것들과의 만남

진리라는 것이 분명하게 손에 잘 잡히지는 않는 듯합니다. 반
면에 무언가 존재한다는 사실만큼은 확실해 보입니다. 최소한
과학자들에게는 그렇습니다. 여러분 앞에 서 있는 저는 컴퓨터
동영상이거나 홀로그램이 아니라 실재하는 한 인간입니다. 우
리가 경험하는 세계, 이 우주가 존재한다는 사실도 확실해 보
입니다. 사물에 대한 경험이 인간의 관념에 불과하다고 주장하
는 철학자들도 있습니다. 하지만 나와 여러분의 존재, 우리가
사는 지구와 우주의 존재가 허상에 불과하다는 주장에 많은 과
학자가 동의하지 않듯이 저도 동의할 수가 없습니다. 무언가

존재한다는 사실, 그것은 바로 오늘 우리가 사유하는 출발점이 됩니다.

존재하는 모든 것은 질문을 낳습니다. 나는 누구인가? 나는 어떻게 존재하게 되었나? 우주의 기원은 무엇인가? 우주는 왜 존재하는가? 나와 우주의 의미는 무엇인가? 이와 같은 질문들 말입니다.

존재하는 모든 것은 질문을 낳습니다. 나는 누구인가? 나는 어떻게 존재하게 되었나? 우주의 기원은 무엇인가? 우주는 왜 존재하는가? 나와 우주의 의미는 무엇인가?

진리가 단지 단편적 지식이나 몇 가지 과학적 사실을 의미하지는 않습니다. 지금이 21세기이고 대한민국은 한반도에 있다는 단편적 사실들, 또는 물이 100도에 끓고 0도에 언다는 단순한 과학 지식들을 넘어서 그 사실과 지식의 총합이 우리 삶에 던지는 보다 근원적인 질문이 바로 진리와 관련됩니다. 우리 인생에 중요한 의미를 던지고 우리 삶을 바꿀 만큼 커다란 영향을 주는 그런 질문들이 바로 진리에 관한 질문들이 될 것입니다. 물론 물이 100도에 끓는다는 단편적 사실도 중요할 수 있습니다. 100도까지 끓이지 않고 70도로 물을 데워서 마셨다가 살균이 되지 않아 심각한 문제가 생길 수도 있지요. 그러나 진리에 관한 질문은 존재하는 것들이 던지는 보다 근원적인 내용, 존재

그 자체의 의미와 목적, 그리고 존재와 존재의 관계에 관한 질문들, 특히 인류와 무엇보다 '나'와 관련된 질문들이겠습니다.

우리는 경험을 통해 존재를 만납니다. 무언가 실재로 존재한다는 사실을 우리는 경험을 통해서 인식하고 파악하게 됩니다. 밤하늘에 무한히 펼쳐져 있는 듯한 찬란한 별들을 눈으로 직접 보면서 우리는 우주라는 존재와 만납니다. 아름답게 피어 있는 꽃의 향기를 맡으며 우리는 생명이라는 존재와 만납니다. 오감을 포함한 인간의 경험이란 시공간의 한 좌표에서 존재하는 것들과 맞닥뜨리는 일입니다. 존재를 만나는 그 경험은 진리에 다가가는 하나의 출발점이 됩니다.

과학은 경험적인 지식, 즉 우리가 만지고 측정한 데이터를 기반으로 하는 학문입니다. 그리스 철학자들이 추구했던 이성적 추론을 넘어서, 과학은 실제로 존재하는 것들, 경험되는 것들과의 만남, 즉 경험적 자료를 통해 존재를 파악하고 알아 가는 학문입니다. 실재하는 것들과 만나는 경험은 자료를 얻고 실험하는 과정이라고 할 수 있습니다. 관측(혹은 실험)과 이론을 통해 존재를 파악해 가는 과학의 방법과 그 결과는 진리를 찾아가는 여정에서 꼭 갖추어야 할 중요한 도구가 됩니다. 물론 필요충분한 도구가 되지는 못합니다. 종종 우리에게는 과학 이외에 다른 도구들이 필요합니다.

'날아다니는 스파게티 괴물'을 믿는 종교가 있다고 합니다. 우스꽝스러운 모습을 한 스파게티 괴물은 물론 누군가 보았거나 만난 적이 있는 실재하는 괴물이 아닙니다. 누군가가 억지로 만들어 낸 상상의 괴물일 뿐입니다. 물론 그렇다고 해도, 이 스파게티 괴물이 정말 존재하는지를 과학으로 증명할 수도 없고 반대로 존재하지 않는다고 반증할 수도 없습니다. 경험적 자료를 얻을 수 없는 이 존재에 관해서는 과학적 답변이 불가능하다는 말입니다. 날아다니는 스파게티 괴물을 믿는 종교는 사실, 증명도 반증도 되지 않는 신을 믿는다며 종교를 조롱하는 사람들이 만들어 낸 장난기 섞인 농담입니다. 가짜종교란 말이지요.

이 스파게티 괴물의 원조는 따지고 보면 무신론자였던 버트런드 러셀이 예로 들었던 우주 주전자입니다. 러셀은 화성과 목성 사이에 주전자가 하나 있어서 태양 주위를 공전하고 있다고 주장하는 사람들이 있다고 가정해 보자며 예를 들었습니다. 만일 그런 허황한 주장을 하는 사람들이 있다면 그 주장을 입증할 책임이 그들에게 있다고 러셀은 말합니다. 화성과 목성 사이에 주전자가 실제로 존재한다고 증명할 책임은 바로 그렇게 주장하는 사람들에게 있다는 것이죠. 황당한 주장을 하려면 직접 증명하라는 말입니다. 그럴듯한 논리입니다.

물론 날아다니는 스파게티 괴물이나 화성과 목성 사이의

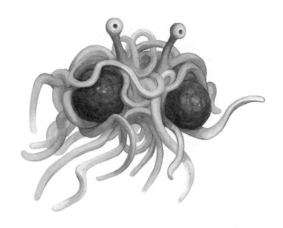

날아다니는 스파게티 괴물

러셀의 주전자

우주 주전자는 상상의 산물일 뿐입니다. 누군가가 스파게티 괴물을 만난 경험이 있다거나, 나사의 우주탐사선이 화성을 지나가다가 우주 주전자를 목격한 경험적 증거도 없습니다. 경험할 수 없는 이런 대상들은 진리에 관한 질문을 낳지 않습니다. 우리는 경험할 수 없는 수많은 것들을 상상의 산물로 만들어 낼 수도 있습니다. 사람이 죽으면 영혼이 빠져나가서 하늘로 올라가 별이 된다고 믿을 수도 있습니다. 그러나 경험적 실재와 상관없는 믿음은 진리 탐구에 별 도움이 되지 않습니다. 날아다니는 스파게티 괴물이나 우주 주전자가 내 삶에 지대한 영향을 줄 리도 없습니다.

하지만, 그리스도인들이 믿는 신도 이런 스파게티 괴물 정도에 불과할까요? 물론 신의 존재를 과학으로 증명하거나 반증할 수 없다는 말은 사실입니다. 신은 과학으로 정의하고 검증할 만한 대상이 아닙니다. 자연 세계를 초월하는 존재이기 때문입니다. 그러나 신에 대한 경험은 인류가 겪어 온 그리고 현재 수많은 사람이 체험하는 일반적인 경험이라고 말할 수 있습니다. 물론 그 경험들이 얼마나 실제적인지를 따지는 일도 필요하겠습니다. 그리고 그 경험들이 과연 무엇을 의미하는지를 더욱 깊이 논해봐야 합니다.

하지만 분명한 점은 존재에 대한 경험은 단지 과학적인 경험에만 제한되지 않는다는 점입니다. 존재하는 것들과 만나는 경험은 데이터로 정량화할 수 있는 과학적 경험을 포함하지만 거기에 국한되지는 않습니다. 가령, 우리는 위대한 예술작품을 보고 놀라운 감동을 받습니다. 천재적인 음악가의 연주를 들으며 환희를 느끼기도 합니다. 그 경험을 과학적으로 증명하거나 반증하지 못한다고 해서 그 경험이 거짓이나 허구가 되는 건 아닙니다. 혹은 그 경험이 스파게티 괴물이나 우주 주전자처럼 상상의 산물로 전락하는 것도 아닙니다. 존재하는 대상과 만나는 실재에 대한 경험은 과학으로 탐구되는 영역을 넘어 훨씬 다면적이고 다층적이기 때문입니다.

두 가지 질문: 어떻게 그리고 왜

다양한 경험 중에서 먼저 과학적인 경험을 얘기해 볼까 합니다. 아무래도 제가 직업이 과학자이다 보니 과학 이야기는 더 쉽게 할 수 있겠지요. 과학으로 탐구한 우주는 여러 특성이 있습니다. 자, 우주를 어떻게 정의해 볼까요? 존재하는 모든 것을 우주라고 정의해 볼 수도 있습니다. 보통 유니버스universe 라고 하지요. 유니버스 우주는 이런 질문을 낳습니다. '우주는 왜 존재하는 걸까? 존재하지 않을 수도 있었을 텐데 왜 하필 존재할까?'

이 질문은 태양이나 지구, 북한산이나 내가 키우는 반려견 등 존재하는 모든 것에 관해서도 똑같이 던질 수 있는 공통된 질문입니다. 하지만 이 질문을 우주에 적용할 때는 질문의 차원이 약간 달라집니다.

가령, "나는 존재하지 않았을 수도 있었는데, 왜 존재하게 되었나요"라고 묻는다면 어떨까요? 이렇게 답해 볼 수 있겠습니다. "내가 존재하는 이유는 내 부모님이 서로 만나서 사랑하고 나를 낳았기 때문이다." 엄마, 아빠가 서로 만나지 않았더라면 나는 존재하지 않았을 수도 있다는 말입니다. 북한산도 마찬가지입니다. 북한산이 존재하는 이유는 한반도의 지층이 다양한 지질학적 과정을 거치며 생성되었다고 설명할 수 있습니다.

그러나 유니버스로 불리는 우주 전체에 관해 이 질문을 던져 보면, 그런 식으로 답하기가 쉽지 않습니다. 존재하는 모든 것을 우주라고 정의한다면, "우주가 왜 존재하는가"라는 질문은 결국 "왜 무nothing 대신에 유something 가 존재하는가"라는 질문이 되기 때문입니다. 왜 우주는 존재할까요? 아무것도 존재하지 않을 수도 있었을 텐데 왜 하필 우주가 존재하게 된 것일까요? 우리는 이 질문에 어떻게 답할 수 있을까요? 과학은 이 질문에 충분한 답을 줄 수 있을까요? 쉽지는 않아 보입니다.

과학자들이 지칭하는 우주는 흔히 물리적 우주physical universe

아무것도 존재하지 않을 수
도 있었을 텐데 왜 하필 우
주가 존재하게 된 것일까요?

입니다. 존재하는 모든 것을 우
주라고 정의할 때와는 약간 의
미가 달라집니다. 물론 물리적
우주가 존재하는 모든 것이라
고 믿는 사람들도 있습니다. 즉, 물질과 에너지로 구성된 물리
적 우주 외에는 아무것도 존재하지 않는다고 생각하는 사람들
입니다. 그런 사람들을 보통 자연주의^{naturalism}를 믿는다고 해
서 자연주의자라고 부르거나 물리주의자라고 부르기도 합니
다. 자연주의가 옳은지, 아니면 물리적인 우주 너머에 어떤 다
른 실재가 있는지는 철학이 다룰 문제라고 할 수 있겠습니다.
과학자 중에는 물리주의자도 있지만, 물리적 우주 외에는 확실
한 지식을 얻을 수 없다고 생각하는 불가지론자도 있습니다.
또한 물리적 우주 외에도 어떤 실재가 존재한다고 보는 비물리
주의자도 있습니다. 자연주의가 옳든 틀리든 간에 어쨌든 과학
자들은 물리적 우주를 대상으로 연구합니다. 그 이유는 과학으
로 탐구 가능한 범위가 물리적인 우주로 제한되기 때문입니다.
혹은 과학자들은 우주의 물리적인 측면을 연구한다고 말할 수
도 있습니다. 천문학자인 저도 우주라는 단어를 사용할 때 우
리가 사는 우주, 우리가 경험하는 물리적인 우주를 주로 지칭
합니다.

우리가 사는 물리적 우주는 아무렇게나 생긴 우주가 아닙니다. 우리가 상상력을 발휘해서 마음대로 그려 낸 우주는 실제로 우리가 사는 우주의 모습이 아닐 수 있다는 말입니다. 날아다니는 스파게티 괴물처럼 우리가 원하는 대로 마음껏 우주의 모습을 그려보는 것은 자유지만, 우리가 실제로 사는 우주에는 그런 모습이 없을 수도 있다는 뜻입니다. 머리가 셋이고 다리는 일곱인 동물을 마음대로 상상해 볼 수는 있지만, 지구에는 그런 동물이 없다는 말이기도 합니다. (우주의 어느 다른 행성에는 그런 동물이 존재할 수도 있을까요?) 우리가 원하는 좋은 모습만을 골라서 만든 우주, 그런 우주는 존재하지 않습니다. 가령, 중력 법칙이 질서 있게 별들의 운행을 규정하는 그런 우주라면, 나무에서 떨어지면 다리가 부러지거나 심하게 다칠 수도 있는 우주가 됩니다. 별들은 안정적으로 중력 법칙에 따라 운동하지만 나만 중력을 무시하면서 마구 하늘을 날을 수 있는 그런 마법사의 우주는 동화에서나 가능할 뿐입니다.

반면, 우주는 우리가 과학을 통해서 만나고 경험하는 딱 그런 모습을 가지고 있습니다. 즉, 우주는 과학을 통해 경험적으로 파악한 특성들을 갖고 있다는 뜻입니다. 코스모스라는 말이 있습니다. 질서라는 뜻입니다. 과학을 통해 우리가 경험하는 우주는 코스모스의 우주입니다. 칼 세이건이 자신의 책에 "코스모스"라는 제목을 붙인 이유도 우주가 자연법칙으로 규정되는 질서라는 특성을 지니고 있다는 점에 주목했기 때문입니다. 우리가 사는 우주는 자연법칙으로 상당히 잘 기술되고, 예측 가능하며 질서 있는 우주입니다. 우주는 과학자들의 언어라고 할 수 있는 수학을 통해 매우 훌륭하고 효과적으로 기술됩니다. 물론 코스모스의 우주는 군인들이 줄을 맞추어 집합해 있듯이 우리 눈에 보기에 깔끔하고 대칭적이며 정렬되어 있다는 뜻은 아닙니다. 우주에는 복잡성과 불규칙한 형태도 있습니다. 그러나 그런 특성들까지도 하나의 통일된 규칙을 통해 수학적으로 잘 기술될 수 있습니다. 카오스 이론도 무질서해 보이는 현상 안에서 규칙성을 찾습니다. 유니버스라는 말과 달리 코스모스라는 말은 우주가 갖는 특성을 드러냅니다. 바로 과학자들이 경험하는 질서라는 우주의 특성 말입니다.

우주뿐만 아니라 존재하는 모든 것에는 어떤 특성이 있습니다. 플라톤의 말을 빌리면 본질 혹은 본성이라고 할 수도 있겠지요. 존재의 특성은 다시 질문을 낳습니다. 왜 그런 특성이 있느냐는 질문 말입니다. '우주는 왜 하필 이런 특성을 가진 걸까? 다른 특성을 가질 수도 있었을 텐데 왜 하필 우주는 코스모스의 우주인가? 왜 우주는 카오스의 우주이면 안 되는가?' 이 질문은 어쩌면 진리로 가는 힌트를 던져줄지도 모릅니다.

실재하는 모든 것에는 어떤 특성이 있고, 우리는 그 존재들을 만나고 경험하면서 그 특성을 알아 갑니다. 그리고 그 특성을 파악하게 되면 우리는 질문을 던지게 됩니다. 존재의 특성에 관한 질문들은 크게 두 가지로 나뉩니다. 첫째는, '어떤 원리와 어떤 과정을 거쳐서 그런 특성을 갖게 되었는가'라는 질문입니다. 간단히 표현하면 어떻게^{how}에 관한 질문이라고 부를 수 있겠습니다. 두 번째 질문은 의미에 관한 질문들입니다. '왜 하필 우주는 이런 특성을 갖게 되었나? 우주가 이런 특성을 갖는다는 사실은 어떤 의미인가'를 묻는 질문입니다. 이 질문은 목적이나 가치 혹은 존재 자체에 대한 질문일 수도 있습니다.

물론 '어떻게'와 '왜'라는 말은 여러 의미로 사용됩니다. '어떻게'라는 말로 과정이나 원리를 묻기도 하고 '왜'라는 단어로 당위나 목적을 묻기도 합니다. 편의를 위해서 간단히 '어떻게'와 '왜'로 구별했지만 중요한 점은 실재의 특성에 관한 질문을 크게 두 가지 면으로 나누어 볼 수 있다는 것입니다. 이 두 질문, 즉 원리나 과정을 파악하는 어떻게^{how}라는 질문과 목적이나 의미를 찾는 왜^{why}라는 질문은 매우 다른 성격의 질문이며 서로 구별해서 답할 필요가 있다는 점을 먼저 분명히 짚고 넘어가는 것이 좋겠습니다.

우주의 다섯 가지 특성

그럼 구체적으로 과학자들이 경험하는 우주에 관해서 얘기해 볼까요? 과학자들이 만나는 물리적인 우주는 과연 어떤 특성들을 갖고 있을까요? 지난 100여 년 동안 우주에 대한 인류의 이해는 극적으로 변해 왔습니다. 천상의 신들이 해와 달과 별들을 마차에 싣고 운행한다거나 용왕이 파도와 폭풍을 일으킨다거나 산신령이 나무와 숲을 장악하고 있다고 생각하던 시절도 있었습니다. 굳이 신적 존재들을 끌어들이지 않고 우주를 파악하려고 했던 고대나 중세 사람들도 지구가 편평하거나 지구는 움직이지 않으며 우주에 중심에 있다고 여기기도 했습니다. 그러나 그들이 알던 지식과는 매우 다른 우주의 모습과 특성들을 현대 과학이 밝혀 주었습니다. 과학이라는 도구를 통해 인류가 발견한 우주의 특성들을 살펴보면 참으로 놀랍습니다. 그중에 저는 다섯 가지의 특성이 의미심장하다고 생각합니다. 이 특성들을 하나하나 간단히 살펴보도록 하지요. 그리고 이 특성들이 어떤 원인이나 어떤 과정을 통해서 생겨났느냐는 질문과 더불어, 왜 우주는 이런 특성들을 가져야만 하는지, 그리고 그 특성들이 의미하는 바는 무엇인지에 관한 질문을 함께 던져보려고 합니다. 만일 이 질문들에 답할 수 있다면 우주의 기원과 우주를 통해 탄생한 인류의 의미에 관해서 우리가 찾고자 하는 진리에 한 발짝 더 다가갈 수 있을지도 모릅니다.

1. 시공간의 광대함과 경이로움

우주의 특성 중에 첫째로 꼽아 볼 수 있는 것은 시공간의 광대함과 경이로움입니다. 거대한 우주 공간에는 대략 1,000억 개 단위의 별들이 중력으로 서로 묶여있는 은하들이 가득 들어차 있습니다. (물론 은하들은 10만 개가량의 별로 구성된 왜소은하에서 수십 조개 이상의 별로 구성된 거대타원은하 등 다양한 크기와 다양한 종류가 있습니다.) 대표적인 은하를 꼽자면 태양계가 속한 우리 은하와 가을철 밤하늘에서 볼 수 있는 안드로메다 은하가 있습니다. 우리 은하와 안드로메다 은하는 각각 수천억 개가량의 별들을 거느리고 있지요. 태양처럼 스스로 빛을 내는 수많은 별과 그 별들이 거느리고 있을 목성이나 지구와 같은 수많은 행성, 수많은 블랙홀, 별들을 다 합쳐 놓은 양보다 더 많은 양의 암흑물질, 그리고 엄청난 양의 가스가 중력으로 한데 묶여서 하나의 거대한 소우주를 구성하고 있는 것이 바로 은하입니다. 우주에는 우리 은하나 안드로메다 은하와 같은 은하가 최소한 1,000억 개 이상 존재합니다. 우리 은하보다 덩치가 작고 더 적은 별들로 구성된 왜소은하들까지 포함하면 수조 개 이상의 은하가 우

우주에는 우리 은하나 안드로메다 은하와 같은 은하가 최소한 1,000억 개 이상 존재합니다.

주 공간을 메우고 있습니다.

우주가 얼마나 광대한지 피부로 느끼게 해주는 사실 중 하나가 바로 빛의 속도가 유한해서 과거를 볼 수 있다는 사실입니다. 천문학자들은 우주를 메우고 있는 수많은 은하를 하나하나 관측하고 연구합니다. 그런데 은하들까지의 거리가 지구 표면 대륙 간의 거리와는 비교도 되지 않을 정도로 멀기 때문에 천문학자들은 은하의 과거 모습을 직접 관측할 수 있습니다. 예를 들어 볼까요? 안드로메다 은하까지의 거리는 빛의 속도로 250만 년이 걸리는 거리입니다. 그곳의 빛이 우리에게 오는 데 250만 년이 걸린다는 뜻입니다. 그러므로 지금 우리가 보는 안드로메다 은하의 모습은 250만 년 전 과거의 모습입니다. 빛이 우리에게 오는 데 오랜 시간이 걸리기 때문에 우리가 지금 보는 빛은 그만큼 오래전에 안드로메다 은하를 떠난 빛이고, 그래서 우리가 보는 안드로메다 은하는 현재가 아니라 과거의 모습입니다.

지구를 넘어 우주라는 거대한 공간으로 나가면 멀리 볼수록 과거를 보게 되는 타임머신 효과를 경험하게 됩니다. 멀리 볼수록 빛이 우리에게 오는 데 더 많은 시간이 걸리기 때문에 그만큼 더 과거를 볼 수 있습니다. 거리에 따라서 은하들을 하나하나 관측하면 시간에 따라 점점 더 과거를 관측할 수 있습니다. 가령, 1,000만 년 전, 1억 년 전, 10억 년 전 과거를 거리에 따라 차례로 볼 수 있는 셈입니다. 20세기에 천문학 관측시설이 고도로 발전하면서 우리는 우주의 초기까지 직접 볼 수 있게 되었습니다. 21세기 현재 시점에서 우리는 100억 년 이상의 과거에 해당하는 우주 초기 모습을 직접 관측합니다. 그 끝에서 우리는 아직 별과 은하가 탄생하기도 전의 모습을 목격하게 됩니다. 볼 수 있는 가장 먼 거리의 우주, 즉 가장 먼 과거의 시점에서 우리는 우주 공간을 처음으로 자유롭게 날아다닐 수 있게 된 태초의 빛 first light 이라 불리는 우주배경복사를 만납니다. 광속의 유한성 때문에 생기는 타임머신 효과에 따라 우리는 우주의 모습을 시간의 파노라마로 현재 모습에서 138억 년 전 과거 모습까지 생생하게 관측할 수 있습니다.

천문학자들이 측정한 우주의 크기는 빛의 속도로 100억 년 이상을 달려야 하는 광대한 크기입니다. 1,000억 개가 넘는 수많은 은하가 메우고 있는 거대한 우주 공간은 인간의 상상력을 초월하는 광대함을 드러냅니다. 100억 년이 넘는 우주의 역사와 광활한 우주의 크기 앞에서 우리는 모종의 경외감을 경험합니다. 아마도 무한에 가까운 시공간 앞에서 인간의 유한성과 한계가 대비되며 우리 마음에 경이로움이 찾아오는지도 모릅니다. 우주 시공간의 경이로움은 질문을 낳습니다. 고요한 한밤중에 밤하늘을 가득 메운 별들을 지긋이 쳐다본 적이 있는 사람이라면 누구라도 던졌을 바로 그 질문입니다. 우주는 왜, 그리고 어떻게 존재하게 된 것일까? 이 거대한 시공간의 우주와 나는 어떤 연관이 있을까?

   현대의 표준우주론은 빅뱅이라는 말로 우주의 시작을 기술합니다. 현대우주론은 20세기 초에 허블과 르메트르라는 천문학자가 각각 우주의 팽창을 발견하면서 시작되었습니다. 약 100년 전인 1920년대에 과학자들은 우주는 변하지 않는 정적인 상태가 아니라, 점점 더 커지는 동적인 우주임을 발견했습니다. 시간이 흐를수록 우주가 더 커진다는 우주 팽창의 발견은 우주가 어느 한 시점에 존재하기 시작했다는 암시를 줍니다. 왜냐하면 시간을 거슬러 올라가면 우주의 크기는 점점 더 작아질 것이고, 그렇다면 우주가 한 점만큼 매우 작은 시작점이 있을 것으로 예상되기 때문입니다. 이 시작점을 흔히 대폭발, 영어로는 빅뱅 big bang 이라고 부릅니다. 현대우주론과 천문학은 빅뱅 이후에 우주가 어떻게 팽창하고 거시구조와 은하들이 어떻게 형성되는지를 다양한 관측시설을 통해 얻은 방대한 양의 경험적인 데이터를 바탕으로 설득력 있게 잘 설명합니다.

   그러나 현대의 표준우주론은 빅뱅 그 자체에 관해서는 엄

밀한 과학적 결론을 내리지 못하고 있습니다. 즉, 우주의 시작
에 관해서는 아직 엄밀하게 설명하지 못하는 셈입니다. 현대우
주론을 가르치다 보면 빅뱅 이전에 관해서 질문을 받을 때가 많
습니다. 빅뱅 이전에는 무엇이 있었는지, 빅뱅 자체는 어떻게
생겨났는지 묻는 질문이지요. 답하기 어려운 질문들입니다. 빅
뱅우주론에 따르면 약 138억 년 전인 빅뱅의 시점에 현재 우주
에 존재하는 최소 1,000억 개 이상의 은하들이 갖는 질량과 에
너지가 한꺼번에 만들어져야 합니다. 빅뱅의 시점이 우주의 시
작점이라면 시간도 시작되고 공간도 시작되어야 합니다. 마치
무에서 유가 만들어지듯 모든 것이 빅뱅의 시점에 탄생해야 합
니다. 질량-에너지 보존 법칙이 지켜지는 우주에서 빅뱅이라
는 시점은 모든 물질이 만들어지는 첫 출발점에 해당하는 것이
지요. 물론 빅뱅 이후에는 에너지가 물질이 되거나 물질이 에너
지가 되는 방식으로 유에서 유로의 변화가 이어집니다. 다시 말
하면 빅뱅 이후 138억 년 동안 우주는 질량-에너지 보존의 법
칙을 따르는 평범한 우주가 되는 셈이라고 할 수도 있겠습니다.
그러나 빅뱅의 시점은 시공간과 물질과 에너지의 탄생 시점이
라고 해석할 수 있습니다.

    물론 빅뱅이 우주의 시작이 아니라고 생각하는 물리학자
들도 있습니다. 그들의 주장처럼 빅뱅 이전에 어떤 다른 우주

가 있었던 것일까요? 우주가 하나가 아니라 수많은 다른 우주
가 존재하는 것일까요? 그래서 우리가 사는 우주는 그 많은 우
주 중의 하나인 걸까요? 빅뱅은 단지 우리가 사는 우주의 시작
을 말하는 것일 뿐일까요? 빅뱅은 무에서 유가 탄생하는 것이
아니라 수많은 우주 중에서 단지 하나의 우주가 시작되는 것뿐
이므로 별로 특별하지 않은 사건일까요?

　　우주는 하나가 아니라 많다는 이론을 다중우주multi-verse론
이라고 부릅니다. 다중우주론은 빅뱅의 기원에 관한 대답하기
어려운 질문을 효과적으로 피해갑니다. 왜냐하면 빅뱅은 단지
수많은 우주 중에 우리 우주의 시작점일 뿐이라고 설명할 수 있
기 때문입니다. 그러나 여전히 질문은 남습니다. 만일 수많은
우주가 존재한다면, 그 수많은 우주는 또 어떻게 기원했을까요?
그 수많은 우주를 만들어 낸 물질과 에너지는 어떻게 존재하게
되었을까요? 그 많은 우주는 어떤 시점부터 존재하기 시작한
것일까요? 아니면 다중우주는 원래 그냥 존재하는 것일까요?

　　우주의 기원에 관한 설명으로는 초끈이론을 비롯한 다양한
아이디어가 있으며 여러 이론적인 연구가 진행되고 있습니다.
그러나 우주가 어떻게 존재하게 되었는지에 관해서 과학적으
로 엄밀하게 답하기에는 아직 요원해 보입니다. 왜냐하면 다중
우주에 대한 경험적 증거가 없다는 점은 말할 것도 없고, 이론

적 연구의 결과들도 아직 엄밀하지 않기 때문입니다.

　138억 년 전 빅뱅의 시점으로 시간을 거꾸로 돌리면 우주의 크기는 매우 작아져서 양자역학으로 다루어야 합니다. 그러나 양자역학은 플랑크 시간보다 작은 시간을 다룰 수가 없습니다. 10^{43}분의　1초가 플랑크 시간입니다. 1의 뒤에다가 0을 43개 붙인 만큼의 큰 숫자로 1초를 나눈, 곧 아주아주 작은 찰나의 시간입니다. 현대우주론은 138억 년 대부분의 시간 동안 우주가 어떻게 변화했는지는 나름대로 잘 알려주지만 138억 년 전 시점으로 가까이 가면 심각한 한계를 드러냅니다. 특히, 빅뱅의 시점은 플랑크 시간보다 작으므로 현대물리학으로는 다룰 수 없는 영역이 되어버립니다. 이렇게 다룰 수 없는 영역은 흔히 특이점이라는 말로 대체합니다. 미래에 양자역학과 중력이론이 통합되어 새로운 물리학이 나온다면 빅뱅의 시점을 다룰 수 있을지도 모릅니다. 그렇게 되면 다중우주론에 대한 면밀한 이론이 완성될 수도 있습니다. 그러나 현시점에서는 다중우주론을 지지하는 과학자들이 많음에도 불구하고 다중우주론은 백지수표에 가까운 하나의 가설이라는 비판을 피할 수 없습니다.

　'어떻게 우주가 존재하게 되었는가'라는 첫 번째 질문을 넘어, '우주는 왜 존재하는가'라는 두 번째 질문을 던져 볼까요? 이 질문에 과학은 어떤 답을 내놓을 수 있을까요? 이 거대한 시

현대우주론은 138억 년 대부분의 시간 동안 우주가 어떻게 변화했는지는 나름대로 잘 알려주지만 138억 년 전 시점으로 가까이 가면 심각한 한계를 드러냅니다.

공간의 우주는 아무런 의미 없이 그저 존재하게 되었을까요? 혹은 우주라는 존재는 우주보다 더 위대한 어떤 존재를 가리키는 함의를 품고 있는 건 아닐까요? 이 우주는 우리 인류와 어떤 관계가 있을까요? 광대한 시공간의 우주와 비교하면 보잘것없어 보이는 작은 행성인 지구에 사는 인류의 존재는 특별한 의미가 없는 것일까요? 아니면 우주라는 존재는 인류의 탄생과 밀접한 연관이 있을까요? 이 우주는 그저 우리 인류가 탐험하고 정복하고 이용해야 할 광활한 사막 같은 곳에 불과할까요? 아니면 인류는 우주와 어떤 유기적이고 협력적인 관계에 있을까요?

밤하늘과 우주를 보면서 우리는 모종의 경외감을 느낍니다. 그 경외감은 어디서 왔을까요? 그 경외감은 숭고한 희생을 통해 많은 사람을 살린 위대한 인물이나 탁월하고 훌륭한 스승을 만날 때, 혹은 감동적이고 뛰어난 예술작품을 만날 때 경험하는 감탄이나 들뜸 같은 특별한 감정과 비슷할지도 모릅니다. 우주 앞에서 인간이 느끼는 경외감은 신학자 루돌프 오토가 표현한 '누미노제'와 비슷할 수도 있습니다. 오토는 거룩한 존재

앞에서 인간이 자신의 유한성을 직면하면서 느끼는, 한편으로는 매혹적이고 한편으로는 두렵고 떨리는 신비한 체험을 누미노제라고 표현하였습니다. 물론 누미노제는 합리적이고 이성적인 깨달음이라기보다는 직관적이고 초이성적입니다. 그것은 인간 안에 숨어 있던 정체성, 신의 형상으로 창조된 정체성을 자극해서 언제부턴가 상실한 그 정체성은 물론이고, 잃어버린 낙원에 대한 감각을 일깨워내는 것인지도 모릅니다. 신의 무한성에 대비되는 인간의 유한성에 대한 직관이며 자신이 창조된 피조물임을 느끼게 해주는 것을 누미노제라고 말할 수도 있을 겁니다.

　　광대한 우주 앞에서 인간이 느끼는 경외감도 바로 이와 비슷합니다. 그러나 이런 경외감은 인간에게 두려움을 주고 신 앞에 무릎을 꿇게 하는 억압적인 방식은 아닙니다. 두려움보다는 매혹적이고 신비스러운 감정이 더 원천적입니다. 인간이 자신의 한계를 직면하면서 자신보다 더 큰 세계를 갈망하고 무한과 신에 귀의하고자 하는 이끌림이 바로 이런 경외감으로, 실존적 체험으로 나타나는 것이겠습니다. 창조주와 창조된 인간과 피조물들이 하나로 연결되었던, 지금은 잃어 버리고 깨어져서 두려움이 동시에 작용하기도 하지만, 창조를 통해 원래 부여되었던 그 본원적인 관계에 대한 소망과 바람이 매혹적인 이끌림으로 나타나는 것일지도 모릅니다. 그것이 바로 우주를 만나는 우리 인간이 경험하는 경외감의 실체일 것입니다.

2. 우주의 수학적 특성

과학자들이 경험하는 우주의 두 번째 특성은 우주가 수학으로 매우 잘 기술된다는 점입니다. 18세기 초에 아이작 뉴턴은 사과가 나무에서 떨어지는 현상이나 달과 행성들이 하늘에서 움직이는 현상이 모두 만유인력 법칙이라는 같은 원리에 의해서 일어난다는 사실을 잘 보여주었습니다. 근대과학의 출발점으로 종종 여겨지는 뉴턴의 만유인력 법칙은 사과가 땅에 떨어지는 현상이나 별과 행성들의 운동이 모두 자연계 밖의 천사와 같은 어떤 에이전트에 의한 작용이 아니라 자연계 내의 어떤 원인을 통해 작동한다는 인과관계를 잘 보여주었습니다. 더 흥미로운 점은 우주의 작동 원리 중 하나인 만유인력 법칙이 너무나 간단한 수학적 표현으로 깔끔하게 기술된다는 점입니다. 매우 간단한 식으로 표현되는 중력 법칙은 놀랍게도 100억 년 이상의 긴 기간에 수많은 은하가 형성된 과정과 현재 우주가 운행되는 모습을 훌륭하게 기술해 줍니다. 중력 법칙뿐만이 아닙니다. 자연 법칙이라고 불리는 수많은 법칙이 모두 간단한 수학적 표현으로 자연현상을 깔끔하게 기술합니다. 맥스웰 방정식이라고 불리는 전기와 자기 현상을 다루는 전자기학 법칙도 그렇습니다.

간단한 네 개의 방정식은 전기와 자기 현상을 놀라울 정도로 잘 기술해 줍니다. 물리학자들에게 이 네 개의 방정식은 너무나 명료하고 아름답게 보입니다. 전자기 현상이 이렇게 간단하고 깔끔하게 기술될 수 있다는 건 한편으로는 신비롭고 아름다운 일입니다.

　　경험적인 데이터를 근간으로 하는 근대과학이 발전하는 과정에서 수많은 실험이 이루어졌고 방대한 관측이 수행되었습니다. 그 과정에서 쌓여 온 데이터를 통해서 과학자들은 우주가 수학을 통해 훌륭하게 잘 기술된다는 우주의 특성을 배웠습니다. 그래서 수학은 과학자들의 언어라고 불립니다. 길게 말로 설명할 필요 없이 한 줄의 식으로 명료하게 표현되는 수학 언어로 우주가 갖는 다양한 작동 원리들과 인과관계들을 군더더기 없이 기술해 낼 수 있게 되었습니다.

　　우주가 수학적으로 잘 기술되기 때문에 앞으로 어떤 일이 일어날지 예측도 가능해졌습니다. 과학이 놀랍게 발전한 이유는 경험적 데이터를 모순 없이 잘 설명하는 설명체계, 즉 과학 이론을 잘 만들어 낼 수 있었기 때문이기도 합니다. 그러나 더 중요한 점은 그 이론을 통해서 다른 어떤 일이 일어났을지 혹은 앞으로 어떤 일이 일어날지 예측할 능력을 갖게 되었다는 사실입니다. 다른 학문과 달리 과학이 놀라운 성공을 거두며 발전한 이유는 바로 이 예측 가능성 때문입니다. 수학적 기술을 통해, 예측한 내용이 맞는지 틀린지를 검증하는 일이 가능해졌고 중요해졌습니다. 독립적인 실험이나 관측을 통해 새로운 경험적 데이터를 얻어서 그 예측이 맞는지 틀리는지 검증하는 과정을 거치면서 과학자들은 매우 효과적으로 합의를 끌어냅니다. 서로 다른 설명이나 이론을 제시하며 논쟁하던 과학자들 사이에서 빠르고 효과적으로 합의된 결론이 도출되는 것입니다. 이 모든 과정은 우주가 수학을 통해 매우 훌륭하게 기술된다는 사실에 기반합니다.

도대체 우주는 어떻게 이렇게 수학적 특성을 갖는 것일까요? 우주가 수학적인 특성을 갖는다는 것은 우주가 규칙성과 논리성, 명료성을 갖는다는 말입니다. 이럴 땐 이랬다가 저럴 땐 저런 방식으로 작용하는 변덕스러운 우주가 아니라, 같은 원인이 같은 결과를 가져오는 규칙과 질서가 우주의 특성입니다. 그러한 규칙성은 수학의 논리처럼 매우 합리적으로 서로 연결되어 하나의 모순 없는 설명체계를 만들어 냅니다. 그래서 과학은 우리가 우주를 이해할 수 있도록 큰 그림을 그려 줍니다. 그리고 그렇게 그려진 그림은 여기저기 덧칠해진 지저분하고 볼썽사나운 낙서 같은 그림이 아니라 때론 복잡하게 보일 수도 있지만 매우 명료하고 군더더기 없이 그려진 아름다운 그림입니다. 인류가 파악한 우주에 이렇게 수학적 특성이 있다는 것은 우주가 질서 있고 논리적이고 합리적으로 작동한다는 뜻입니다. 그렇다면 우리가 사는 우주가 무질서하고 변덕스럽거나 혹은 귀신들이나 마술사들이 설치는 혼잡스럽고 엉망진창인 우주가 아니라 수학으로 산뜻하게 기술되는 우주인 이유는 무엇일까요?

우주가 수학적이라는 사실은 우주의 기원에 어떤 지성이 있다는 생각을 낳습니다. 사실 많은 과학자와 철학자들이 우주가 어떤 무한한 지성에 의해서 탄생했고 운행된다는 생각을 해왔습니다. 가장 대표적으로 꼽을 수 있는 과학자인 아인슈타인◆은 그 우주적 지성을 신의 마음이라고 표현하기도 했습니다. 흔히 아인슈타인은 스피노자처럼 자연의 이성적 원리를 신으로 여겼다며 범신론자로 오해받기도 하지만 아인슈타인 자신은 무신론자나 범신론자가 아님을 밝혔다고 합니다. 우월한 이성적 능력을 가진 존재가 우주에 드러나 있다고 언급한 아인슈타인의 고백은 흥미롭습니다.

나의 종교심을 이루는 것은 우리의 나약하고 힘없는 정신으로 인식할 수 있는 사소한 일들을 통해 자신을 드러내는 무한히 우월한 영을 향한 겸손한 감탄이다. 불가해한 우주에 드러나 있는

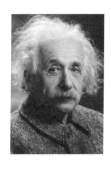

우월한 이성적 능력을 가진 존재가 우
주에 드러나 있다고 언급한 아인슈타
인의 고백은 흥미롭습니다.

◈ 아인슈타인 Albert Einstein, 1879-1955

우월한 이성적 능력을 가진 존재에 대한 깊은 확신이 내 안에서
신의 개념을 형성한다.*

아인슈타인뿐만이 아닙니다. 뉴턴, 보일, 맥스웰, 하이젠베르크,
디랙 등 우주의 수학적 특성에 매료된 많은 과학자는, 종교인이
든 아니든 그것과는 별개로, 모종의 지성적 존재를 우주가 수학
적 특성을 갖는 원인이라고 생각해 왔습니다. 철학자나 과학철
학자 중에서도 우주의 수학적 특성과 우주의 합리성에 주목한
사람들이 있습니다. 대표적인 무신론자였던 앤터니 플루는 자
신을 유신론자로 회심하게 만든 세 가지 이유 중 하나로 우주의
합리성을 꼽습니다. 수학으로 기술되는 우주의 합리성을 볼 때
무한한 지성이 우주를 창조했다고밖에는 볼 수 없다는 것이 평

•   『존재하는 신』(앤터니 플루, 청림출판)의 109-113쪽에서 재인용.

생에 걸쳐 진리가 이끄는 대로 탐구해 온 지적 여정을 통해 그
가 도달한 결론입니다. 물론 우주가 수학적 특성을 갖도록 만든
우주적 지성은 아리스토텔레스의 신처럼 꼭 인격적인 신일 필
요는 없습니다. 그러나 우주가 수학으로 매우 훌륭하게 기술되
는 특성이 있다는 경험적 사실은 우리에게 매우 중요한 힌트를
주는 셈입니다.

3. 우주의 우발성과 지성의 출현

세 번째로 우주의 우발성과 지성의 출현을 꼽을 수 있습니다. 현
대우주론에 의하면 우주는 빅뱅에서 시작하여 팽창을 거치며
별과 블랙홀과 은하들을 만들며 진화해 왔습니다. 100억 년 넘
게 걸린 그 과정에서 놀랍게도 생명체가 탄생했고 지성이 출현
했습니다. 우주와 지구에서 펼쳐진 자연의 역사는 수많은 우발
적 사건으로 가득합니다. 그 우발적 과정 끝에 지성이 출현했다
는 사실은 참으로 놀랍습니다.

　　우주의 역사가 우발적이었다는 말을 조금 더 풀어서 설명
해야겠습니다. 과학은 모든 자연현상을 필연과 우연으로 설명
합니다. 반드시 그렇게 일어나야 할 일이 일어났으면 필연이라
고 기술합니다. 반면, 주사위를 던지면 여섯 숫자 중 하나가 나
오는 것처럼, 다른 가능성도 있지만 한 가지 경우로 사건이 발

생했다면 우연이라고 기술합니다. 우연이라는 말은 그 일이 필연적으로 일어나야 하는 것은 아니었다는 의미이며, 우발적이라고 표현하기도 합니다. 물론 과학이 다루는 필연과 우연은 일상에서 사용하는 필연과 우연과는 성격이 좀 다릅니다. 가령, 너와 내가 만나 결혼한 것이 필연이었다고 말하면 마치 두 사람이 결혼하도록 운명지어졌다는 뜻이 됩니다. 반면에 짝사랑하는 여인을 지하철에서 우연히 만났다고 말하면, 그 여인을 만나려는 목적으로 퇴근 시간에 그 여인의 회사 근처 지하철역에서 기다렸다가 시간에 맞추어 지하철을 탄 것이 아니라는 뜻입니다. 목적이나 계획 없이 어쩌다 지하철을 탔는데 거기서 그 여인을 만났다는 뜻입니다.

하지만 과학은 자연현상의 작동인, 곧 작동 원리에 관한 설명일 뿐이며, 목적인, 곧 목적성에 관한 설명은 아닙니다. 어떤 사건이 우발적이라는 과학적 설명은 그 사건이 꼭 그런 방식으로 일어나지 않을 수도 있었다는 말입니다. 즉, 다른 가능성도 있었다는 뜻이지요. 필연이 아닌 모든 사건은 우연입니다. 들고 있던 핸드폰을 놓치면 땅으로 떨어집니다. 하늘로 올라가지 않습니다. 밑으로 떨어지는 것은 필연적입니다. 그러나 동전을 던지면 항상 앞면이 나오는 것이 아니라 뒷면이 나올 가능성도 있습니다. 앞면이 나오든 뒷면이 나오든 과학은 이 사건을 우연적 또는 우발적이라고 기술합니다.

　　과학의 필연과 우연을 어떤 목적성과 연관시키는 것은 과학의 범위를 넘어서는 범주의 오류를 낳습니다. 가령, 내가 핸드폰을 놓쳐서 땅으로 떨어뜨린 사건을 과학이 필연이라고 부른다고 해서 내 핸드폰은 망가질 운명이었다거나 혹은 누군가가 내 핸드폰을 깨트리려고 계획했다고 말할 수는 없습니다. 마찬가지로 동전의 앞면이 나온 사건을 과학이 우발적이라고 기술한다고 해서 누군가가 앞면이 나오도록 조작했거나 신이 어떤 목적을 갖고 앞면이 나오도록 섭리했을 가능성을 배제할 수는 없습니다. 과학은 어떤 사건에 신이 부여한 형이상학적인 목적이나 계획이 있는지를 검증할 능력이 없습니다. 과학은 다만 어떤 사건이 발생할 때 다른 가능성이 있었는지를 판단하여 필연과 우연으로 설명할 뿐입니다. 물론 누군가 조작했다면 과학으로 밝힐 수 있지 않느냐고 반론할 수는 있겠습니다. 하지만 신의 행위를 과학으로 측정하고 탐구할 수 없다는 점을 생각할 필요가 있습니다. 신의 의도를 밝히는 일은 살인사건의 범죄자를 밝히는 일과는 차원이 다릅니다. 과학은 신이 어떤 목적을 가졌는지 그 유무를 판단할 수는 없으며 과학은 자연계 내의 인과관계를 단지 필연이나 우연으로 기술할 뿐입니다.

　　과학적 관점에서 보면 우주의 역사는 우발적입니다. 즉,

138억 년 동안 흘러온 우주의 역사는 꼭 그렇게 진행되어야만 했던 것은 아닙니다. 지구는 46억 년 전이 아니라 더 일찍 생성되었을 수도 있습니다. 지구에 생명체가 출현하지 않았을 수도 있습니다. 생명체들의 진화 과정도 꼭 한 가지 방식으로 일어나야 했던 것은 아닙니다. 침팬지는 손가락이 열 개가 아니라 여덟 개로 진화할 가능성도 있었습니다.

우주의 역사를 되돌려 다시 한번 빅뱅으로부터 우주를 시작하면 어떻게 될까요? 138억 년 우주의 역사는 똑같이 반복될까요? 혹시 우주의 역사가 전혀 다르게 펼쳐질 수도 있지 않을까요? 우주를 다시 시작한다면, 우주의 한 변방에 우리 은하가 만들어지고, 우주 역사 후반부에 8개 행성을 가진 태양계가 형성되기 시작해서 태양에서 1억 5,000만 킬로미터 떨어진 거리에 액체상태의 물을 갖는 지구가 생성되고, 지구의 진화과정을 통해 오대양 육대주가 생성되고 생명체가 출현해 진화하여 다양한 종이 생겨나고, 6,500만 년 전에 공룡이 멸종하는 역사가 똑같이 반복되는 그런 복제 우주가 만들어질까요?

사실 이 질문은 답하기 쉽지 않습니다. 초기조건이 똑같다면, 물리법칙에 의해서 인과관계의 체인이 이어지는 우주이기 때문에 아무리 다시 반복해도 정확하게 똑같은 우주가 될 것으로 생각하는 사람들도 있습니다. 이 경우에는 우발성도 정확하게 필연이 됩니다. 주사위를 던 져서 3이 나온 것은 우발적입 니다. 그러나 잘 따져보면 주사 위를 잡았을 때 어느 숫자를 위 쪽으로 오게 잡았는지, 어느 방 향으로 얼마의 힘을 주면서 던 졌는지, 주사위가 떨어진 책상 표면의 마찰계수는 얼마였으며

우주의 역사를 되돌려 다시 한번 빅뱅으로부터 우주를 시작하면 어떻게 될까요? 138억 년 우주의 역사는 똑 같이 반복될까요? 혹시 우 주의 역사가 전혀 다르게 펼 쳐질 수도 있지 않을까요?

바람이 어느 방향으로 얼마나 세게 불었는지 등의 물리적 조건 들이 결국 3이 나오도록 작용했다는 설명이 가능합니다. 던지기 전에는 어느 숫자가 나올지 모르지만 던지고 난 후에는 왜 3이 나올 수밖에 없었는지에 대한 필연적 설명이 가능하다는 말입 니다. 즉 우발적으로 보이는 사건도 사실은 초기조건과 물리적 환경이 결정된 상황에서 결국 필연적으로 3이라는 숫자가 나올 수밖에 없었다는 뜻입니다. 우발성은 단지 사건이 발생하기 전 에는 결과를 결정하는 물리적 조건을 100퍼센트 알 수 없다는 뜻에 불과할 수도 있습니다. 우리에게는 우발성으로 보이지만 사실은 필연이라는 것입니다. 이런 우발성을 '인식론적 우발성' 이라고 부를 수도 있습니다.

우연과 필연은 물리적 현상뿐만 아니라 생명현상에도 적용

됩니다. 진화는 여러 방향으로 일어날 수 있으므로 우발적이라
고 기술할 수 있지만 사실 진화가 일어나는 조건과 환경을 고려
하면 결국 진화가 그 방향으로 일어난 것은 필연이라고 볼 수도
있습니다. 사건들이 모여서 진화의 방향을 결정하는 필연의 결
과를 가져온다는 말입니다. 물론 물리현상과 다르게 생명현상
에서 발생하는 우발성은 다양한 측면이 있는 듯합니다. 자끄 모
노는 『우연과 필연』에서 아미노산 잔기들의 배열을 다루면서 우
연에 기초한 배열들이 반복되면서 질서와 규칙이 되어 필연으
로 전환된다고 설명하는 방식을 채택하기도 했습니다.[•]

　우발성이 결국은 필연성의 결과였다는 이 견해에 따르면
초기조건이 같은 우주를 빅뱅부터 다시 반복했을 때 똑같은 모
습과 똑같은 역사를 갖는 쌍둥이 우주가 생겨날지도 모릅니다.
이 견해는 우발성을 인정하지만, 그 우발성은 초기조건을 다 파
악할 수 없는 인간의 인식론적 한계에 의한 우발성일 뿐입니다.
기상 현상 같은 복잡계들이 이런 우발성의 대표적 예입니다. 날
씨는 분명히 물리적 현상이지만, 한 달 후 날씨는 전혀 예측할
수가 없습니다. 날씨는 말 그대로 우발적입니다. 그 이유는 날
씨를 예측하기 위해 고려해야 하는 조건이 너무 많고 사건에 동

•　　자크 모노, 조현수 옮김, 『우연과 필연』(궁리, 2010), 144쪽.

참하는 입자가 너무 많은 복잡계이기 때문입니다. 그래서 내일 날씨는 어느 정도 예측할 수 있지만, 4주 후 월요일 오후 2시의 날씨는 예측이 거의 불가능합니다. 4주 동안 쌓일 우발성의 총합을 생각해보면 마땅히 예상되는 결과입니다. 그러나 4주가 지나 월요일 오후 2시에 비가 내렸다면 그것은 정확히 물리적인 조건들에 의해서 결정된 것입니다. 대륙의 고기압과 해양의 저기압이 다양한 조건을 통해서 밀고 밀리면서 그 시간에 한반도에 비를 내리게 한 것입니다. 돌아보면 이 사건은 필연적이라는 말입니다. 마찬가지로 우주는 우발적으로 보이지만 사실은 필연적인 사건들이 연속되면서 하나의 역사를 갖게 될 뿐이라고 주장할 수 있습니다.

그러나 과연 우주를 다시 시작하면 똑같은 우주가 반복될 것인가라는 질문에 대한 답은 그리 간단하지 않습니다. 초기조건이 결정되어도 어떤 일이 일어날지 결정되지 않는 경우가 있기 때문입니다. 양자역학이 다루는 미시세계에서 바로 그런 일들이 일어납니다. 전자의 운동과 같은 미시세계 현상은 똑같은 조건을 주더라도 다른 결과가 발생합니다. 주사위로 비유하자면 아무로 똑같은 초기조건과 물리 환경을 만들어 준다고 하더라고 매번 다른 숫자가 나온다는 말입니다. 그래서 양자역학은 사건이 어떤 방식으로 일어날지 미리 결정될 수 없다고 알려 줍니다. 잘 알려진 불확정성의 원리가 의미하는 내용입니다. 그 대신 어떤 일이 발생할지를 다만 확률적으로 기술해 줍니다. 그렇기 때문에 보통 양자역학은 자연 세계의 비결정성을 보여 준다고 해석합니다. 즉, 양자역학은 필연이 아니라 우발성을 드러냅니다. 똑같은 조건에서도 다른 결과가 나타나는 현상이 발생한다면 그 결과는 필연으로 볼 수 없기 때문입니다. 우발성은 필연의 결과가 아니라, 필연과는 다른 우발성이 실제로 존재한다는 말입니다. 이런 우발성은 '인식론적 우발성'과 다르게 '비결정적 우발성'이라고 부를 수 있습니다.

　물론 자연 세계에 정말로 비결정성이 있는지는 논란의 여지가 있습니다. 필연이 아니라 우발적으로 보이는 양자역학의 사건들도 결국 인간이 파악해 내지 못한 어떤 다른 물리적 조건이 있기 때문이 아닌가 하는 의심이 남아 있습니다. 아인슈타인은 양자역학을 낳은 아버지라고 불리지만 양자역학을 받아들이지 않았습니다. 신은 주사위 놀이를 하지 않는다는 그의 말은 자연 세계에는 인과관계나 필연을 뛰어넘는 우발적인 사건이 허용될 수는 없다고 생각한 그의 철학을 잘 드러냅니다. 그래서 아인슈타인과 그의 동료들은 숨은 변수를 찾기 위한 연구를 시도하기도 했습니다. 물리적 조건을 똑같이 주었는데도 서로 다른 결과가 발생하는 것은 파악하지 못한 어떤 숨은 조건이 달랐기 때문이라는 주장을 폈습니다. 그러나 그들도 그 숨은 변수를 찾아내지는 못했습니다. 미시세계의 사건을 필연으로 만들고 비결정성을 없애려는 과학자들의 노력은 최소한 아직은 성공하지 못했습니다. 그래서 자연 세계에는 필연적으로 결정되지 않는 어떤 비결정성이 있다는 해석은 양자역학의 주류 해석에 해당합니다.

양자역학의 우발성을 수용한다면 어떨까요? 그렇다면 우주의 역사는 똑같이 반복될 수 없습니다. 초기조건을 똑같이 주고 빅뱅을 다시 시작한다고 해도 우주는 전혀 다른 역사를 갖게 될 것입니다. 초기 우주는 양자역학의 지배를 받는 미시세계에 해당하고, 초기조건이 같더라도 전혀 다른 결과들이 발생할 것입니다. 그리고 우주가 팽창해서 더는 우주가 양자역학의 지배를 받지 않을 만큼 커지는 시기가 곧 도래하겠지만 여전히 우주 안에는 양자역학의 지배를 받는 영역이 가득할 것이기 때문입니다. 우주에 담긴 비결정성은 수많은 우발성을 드러내며 전혀 다른 결과들을 만들어 낼 것이고 그 결과들이 연속적으로 쌓이면서 우주는 전혀 다른 역사로 펼쳐질 수 있습니다. 지구에서 생명체가 출현하는 과정, 그리고 생물 진화가 일어나는 과정을 비롯해 미시세계의 현상이 중요하게 작용하는 분야에서는 끊임없이 우발성이 작용할 수 있습니다.

　한편, 자기 조직화를 특징으로 하는 생명현상에는 양자역학의 우발성과는 다른 차원의 우발성이 있을 가능성이 있습니다. 입자들의 물리적 작용을 넘어 세포 이상의 생명현상에는 어느 정도 자율성이 있는 것으로 보이기 때문입니다. 물리화학적 구조나 생화학적 구조에 기반하지만 그 구조로 환원될 수 없는 한 단계 위로 창발된 생명 현상들은 새로운 특성들을 갖습니다. 그 특성들은 '생물학적 우발성'을 드러냅니다. 가령 자유의지가 있는 인간은 똑같은 환경에서 똑같은 물리적 조건을 준다고 하더라도 다른 선택을 할 수 있습니다. 인간의 의사결정은 자유의지가 작동하는 한 우발적이라는 말입니다. 생명체들의 자율성은 필연이 아니라 우발성으로 기술할 수 있습니다. 그 자율성들의 합은 생명의 역사를 다른 방향으로 바뀌게 할 수도 있습니다. 역사를 다시 시작한다면 최소한 인간의 역사는 다른 방향으로 전개될 수 있는 우발성을 갖고 있습니다.

　이런 관점에서 본다면 138억 년의 우주 역사는 필연이 아닙니다. 지금 우리가 경험하는 이 우주는 매우 우발적인 결과입니다. 이 우주에서 생명체가 출현한 것도, 더 나아가서 지성이 탄생한 것도 우발적입니다. 즉, 우주가 꼭 지성을 출현시켜야만 했던 것은 아니라는 말입니다. 우주는 생명체가 없는 우주가 되었을 수도 있고, 인간처럼 우주의 의미를 묻는 지성이 탄생하지 않는 우주가 될 가능성도 있었습니다. 그럼에도 불구하고 우주에서 지성이 탄생했다는 사실은 기적이라고 부를 만큼 놀랍습니다. 우주의 우발적 사건들은 우주의 역사를 어느 방향으로도 흘러가게 할 수 있었지만 그 연속되는 우발성의 결과로 우주는 지금과 같은 방향으로 흘러왔으며, 우주에는 마침내 지성이 출현했습니다.

최근에는 인간 지성을 넘어서는 뛰어난 인공지능이 만들어지고 결국에는 초지성이 탄생할 것이라고 예언하는 학자들도 있습니다. 물론 어떻게 될지는 더 두고 봐야 할 문제입니다. 이 문제는 지성이란 무엇인가와 관련해서 많은 논의를 불러일으킵니다. 그러나 일단 여기서 우리가 생각해 볼 문제는 우발성의 과정 끝에 지성이 출현했다는 사실입니다. 그리고 그 사실이 불러일으키는 질문들에 주목할 필요가 있습니다.

도대체 우주의 우발성은 어떻게, 그리고 왜 지성을 탄생시킨 걸까요? 우발적인 사건들을 통해 태어난 지성의 의미는 과연 무엇일까요? 지성은 단지 물리적인 우주가 어쩌다가 만들어 낸 확률이 낮은 사건에 불과할까요? 아니면 우주는 마치 살아 숨 쉬는 유기체 같아서 자신의 존재를 파악하고 알아줄 지성이 필요했던 것일까요? 그래서 연속되는 우발성의 끝에 인간이라는 지성을 만들어 내기로 작정한 것일까요? 혹은 우주적 지

우주는 생명체가 없는 우주가 되었을 수도 있고, 인간처럼 우주의 의미를 묻는 지성이 탄생하지 않는 우주가 될 가능성도 있었습니다. 그럼에도 불구하고 우주에서 지성이 탄생했다는 사실은 기적이라고 부를 만큼 놀랍습니다.

성에 의해서 우주가 만들어졌고, 우발적 과정을 거치면서 우주적 지성이 자신을 닮은 인간이라는 지적 존재를 만들어 낸 것일까요? 이 우주는 지성을 출현시킬 목적이라도 가졌던 것일까요? 아니면 지성의 출현은 수많은 우발적 사건이 연속된 끝에 생긴 억세게 운 좋은 사건일까요?

우발성의 역사 끝에 탄생한 지성에 관해 끝없이 이어지는 이 질문들을 과학으로 답하기는 쉽지 않아 보입니다. 이 문제는 과학의 도움뿐만 아니라 철학을 비롯한 형이상학적 고찰을 통해서 함께 생각해 봐야 할 질문들입니다.

4. 인간의 이성과 수학적 우주의 공명

우리가 경험하는 우주의 네 번째 특징은 인류가 우주를 이해할 수 있다는 점입니다. 아인슈타인은 이런 이야기를 했습니다. 우리가 우주를 이해한다는 사실만큼 이해하기 어려운 사실이 없다고. 인류의 지성사는 그리 오래되지 않았습니다. 길게 잡으면 1만 년입니다. 돌도끼와 돌칼을 다루던 호모 사피엔스는 인터넷과 스마트폰을 사용하는 현대인이 되었습니다. 그 과정에서 인류는 우주의 역사와 우주의 광대함을 알아내었고, 물리적 우주가 운행되는 자연법칙과 작동 원리를 파악해 왔으며, 우주의 기원을 탐구하고 있습니다. 우주의 광대함과 장구함 앞에 인류의 역사를 놓고 비교해 보면 아인슈타인의 말에 고개가 끄덕여집니다. 칼 세이건의 표현처럼 창백한 푸른 점에 지나지 않는 작은 행성에 사는 지구인들이 어떻게 우주의 물리적 특성과 작동방식을 알아낼 수 있었을까요? 짧은 지성사를 가진 인류가 도대체 어떻게 수학을 이해하고 과학을 발전시켜서 우주의 기원과 미래를 논하게 되었을까요?

인류가 우주를 이해할 수 있다는 사실은 인식론의 문제를 제기합니다. 인류에게 어떻게 앎이라는 것이 가능해졌을까요? 데카르트는 모든 것을 의심하는 데서 사유를 시작했습니다. 심지어 자신의 존재까지도 의심하다가 자신이 존재한다는 사실만큼은 확실하다는 결론을 내립니다. 그리고 거기서부터 출발해서 이성의 작업을 쌓아 갔습니다. 존재하는 것들을 만나는 경험, 그리고 그 경험을 바탕으로 존재를 이해하고 파악하는 능력, 그 능력을 인류가 소유하고 있다는 것은 자명합니다. 하지만 과연 그런 인식 능력을 어떻게 갖게 되었는지는 여전히 의문에 쌓여 있습니다. 더군다나 인류의 인식 세계가 우리 삶의 무대가 되는 지구를 넘어 우주 끝까지 펼쳐져 있다는 점은 놀랍습니다. 우주를 파악하는 인식 능력이 단순한 정보처리 능력은 아닙니다. 인류의 지적 능력은 보고 듣고 냄새 맡은 정보를 처리해서 천적이 다가오는지 아닌지를 파악하고 그에 따라 어디로 도망갈지를 처리하는 단순한 정보처리나 판단 능력을 넘어섭니다. 추상적인 사고와 감각, 자아에 대한 인식, 나아가 우주와 인류의 관계를 묻고 미래를 조망하는 인류의 지성을 단순하다고 말할 수는 없습니다. 그 지성적 능력을 통해 우주를 인식해 낸 결과, 인류는 우리가 살고 있는 우주를 모든 것이 작위적으로 가능한 마술적 우주나 아이들이 제멋대로 그린 조잡한 그림이 아니라, 필연과 우발성이 빚어낸 조화와 다양성을 바탕으로 질서 있게 진화해 온 우주로, 상당히 명료하고 아름답게 그 실재를 그려 내고 있습니다. 인류의 지성사를 통해 인식해 낸 우주의 모습은 여전히 미완성이고, 얼마나 실재와 가까운지에 관해서도 모르는 것이 여전히 많지만, 그럼에도 지금까지 그려 낸 이 그림은 매우 의미심장합니다.

우주의 합리성과 수학적인 특성도 놀랍고 그 우주에서 지성이 출현했으며 인류가 우주의 모습을 어느 정도 실재와 가깝게 인식해 냈다는 사실도 놀랍지만, 더 주목할 만한 점은 우주의 특성과 인간의 이성이 서로 공명한다는 사실입니다. 인류는 추상적 사고를 통해 수학의 체계를 만들어 냈습니다. 수학은 추상적 사고를 바탕으로 합니다. 인류는 수의 개념을 알아냈고 기하와 공간의 개념을 체계화했습니다. 수학으로 표현하는 비례식이나 미분 방정식은 그 자체가 간결하고 아름답습니다. 실재와 상관이 있건 없건 간에 수학을 풀어가는 과정, 정리를 증명해 가는 과정은 도전적이고 흥미로운 지적 사유입니다. 물론 수학으로 만들어 낼 수 있는 모든 것이 실제로 우주에 존재하지는 않을 것입니다. 수학 방정식으로 기술할 수 있는 우주의 운명은 여러 개가 가능하지만 실제로 우리가 살고 있는 우주의 운명은 하나로 귀결될 것입니다. 그런데 인간의 추상적 사고의 결과인 수학의 언어는 인류가 경험하는 우주, 곧 측정하고 실험하고 파악한 우주의 특성들을 매우 훌륭하게 기술해 줍니다. 우주가 수학적 특성을 갖는다는 점을 앞에서 언급했지만 여기서 주목할 점은 인간의 이성이 우주의 특성과 공명한다는 사실입니다. 그래서 인류는 우주에 대한 경험의 씨줄과 추상적 사고라는 날줄을 엮어 인식의 세계 안에 우주라는 옷을 만들어 파악해 냅니다.

　인간의 이성과 우주의 특성이 공명한다는 점은 자명한 듯하지만, 사실 따지고 보면 놀라운 일입니다. 가령, 두 사람이 대화한다고 가정해 봅시다. 같은 언어로 대화를 한다면 서로 말이

> 인류는 우주에 대한 경험의 씨줄과 추상적 사고라는 날줄을 엮어 인식의 세계 안에 우주라는 옷을 만들어 파악해 냅니다.

통할 것입니다. 백장미라는 단어를 말하면 둘 다 하얀 장미꽃잎과 가시가 있는 줄기를 떠올릴 것입니다. "배가 고파요"라는 문장을 말하면 그 의미가 서로 통할 것입니다. 같은 언어를 매개로 두 사람은 실재에 대한 똑같은 그림을 그릴 수 있기 때문입니다. 반면에 서로 다른 언어로 대화를 한다면 어떨까요? 가령, 포르투갈 말로 로사 블랑카rosa branca라고 해도 일본어를 쓰는 상대방은 백장미를 떠올리지 못합니다. 두 사람의 언어가 서로 공명하지 않기 때문입니다. 이때 등장하는 것이 몸짓입니다. 서로 말은 통하지 않지만 배를 가리키며 슬픈 표정을 짓는 몇 번의 노력을 거친다면 아마도 상대방은 배가 고프다는 뜻을 알아차릴 것입니다. 말은 통하지 않지만 뜻은 통합니다. 언어는 서로 공명하지 않지만 배고프다는 개념이 경험을 통해 각자의 인식 틀 안에 들어있기 때문입니다. 몸짓을 통해 그 개념이 서로 공명하게 되는 것입니다. 한 발 더 나아가 보겠습니다. 음식을 먹지 않는 외계인이 있다고 가정해 봅시다. 식물처럼 광합성으로 모든 영양분을 만들어 내는 이 외계인은 배고픔을 경험해 본 적이 없습니다. 지구인과 외계인이 아무리 서로 몸짓을 주고 받아도 외계인은 지구인이 배고프다는 걸 알아들을 수가 없습니다. 왜냐하면 배고프다는 개념이 서로 공명하지 않기 때문입니다. 외계인의 인식 세계에는 배고픔이 없기 때문입니다.

　　언어나 몸짓이나 수학은 어떤 정보를 전달하는 매개일 뿐입니다. 중요한 것은 공유하는 경험이나 정보가 있어서 공명할 수 있는가입니다. 인간의 추상적 사고와 우주의 특성이 수학이라는 언어를 매개로 서로 공명한다는 말은 인류의 지성과 우주의 특성 사이에 공유되는 무언가가 있다는 뜻입니다. 도대체 어떻게 이런 일이 가능해졌을까요? 인간의 이성과 우주의 특성이 공명한다는 말은 인간의 이성과 우주의 특성을 각각 만들어 낸 어떤 원리나 우주적 지성이 먼저 존재했다는 뜻일까요? 그 우주적 지성에 의해서 우주의 특성이 생겨났고 지성을 가진 인류가 출현했다는 함의가 있는 걸까요? 아니면 수학적 특성을 가진 우주에서 우발적으로 탄생한 인류도 자연스럽게 수학을 파악해 낼 지성이라는 능력을 갖게 된 것일까요? 수학적 특성을 갖는 우주에서 처음부터 예고된 대로 지성이 탄생했고, 그렇게 탄생한 인류가 지성을 통해 우주를 인식하게 된 것일까요?

5. 우주의 특별한 역사

우주의 다섯 번째 특징은 인류를 탄생시킨 특별한 역사를 가졌다는 점입니다. 우주의 역사는 아무렇게나 흘러온 것이 아니라 100억 년의 진화과정 후에 생명체와 인류가 탄생하고 생존할 수 있는 매우 특정한 혹은 특별한 방향으로 흘러왔습니다. 앞에서는 우발성을 통해 탄생한 생명과 지성에 관해 살펴보았지만, 이번에는 우주의 특별한 역사를 만들어 낸 특별한 물리적 조건들에 대해 살펴보려 합니다.

저명한 천체물리학자인 마틴 리즈는 『6개의 숫자』라는 책에서 이렇게 설명합니다. "물리학의 가장 기본이 되는 6개 상수는 특정한 값을 갖고 있는데 그 값들이 조금이라도 달랐다면 우주는 매우 다른 역사를 가졌을 것이다." 즉, 그 상수들이 다른 값이었다면 우주는 인류가 존재할 수 없는 다른 역사로 펼쳐졌을 거라는 뜻입니다. 과학자들이 지적하듯이 물리 상수들의 값이 달랐다면 우주는 지금과는 다른 특성을 가졌을 것이며, 우주의 역사도 다른 방향으로 흘러가서 인류가 존재할 수 없는 우주가 되었을 수도 있습니다. 가령, 원자 간 결합력이 너무 컸더라면 수소가 다 없어져서 물이 생생되지 못했을 것이고, 원자 간 결합력이 너무 작았더라면 무거운 원소가 생성되지 못해서 우주에는 산소나 탄소 같은 입자가 존재하지 못했을 것입니다. 우주에 들어있는 질량의 총합이 지금과 달랐더라면, 우주는 팽창 속도가 매우 빠르거나 매우 느려서 별들이 핵융합 반응을 적합하게 못 했을 수도 있습니다. 그랬더라면 탄소가 없는 우주가 되어버렸을 수도 있습니다. 탄소가 중요한 이유는 우리가 생명과학을 통해서 배운 모든 생명체에게 탄소가 꼭 필요하기 때문입니다. 탄소가 없는 우주는 생명체가 존재할 수 없는 우주라는 뜻입니다.

　물론 탄소가 필요 없는 생명체를 상상해 볼 수도 있습니다. 영화에 나오는 것처럼 지구상의 생명체와는 전혀 다른 특성을 가진 생명체가 존재할 수도 있습니다. 그러나 우리가 경험하는 생명체는 탄소를 기반으로 하고 물이 필요한 존재들입니다. 우리의 경험적 한계를 넘어 다양한 생명체로 사유를 확장해 볼 수 있지만, 우주에 그런 생명체가 실제로 존재한다는 경험적 증거가 없는 이상, 우선 탄소를 기반으로 하는 생명체에 대해서 생각하는 것이 적합합니다.

　우주의 역사는 탄소가 만들어지지 않는 방향으로 흘러갔을 수도 있었을 텐데 하필 탄소를 만들어 내고 생명체가 태어나고 생존하기에 적합한 우주가 되었습니다. 이런 우주를, 마치 누군가 그렇게 세밀하게 조정한 것처럼 보인다고 해서 미세조정 우주fine-tuned universe 라고 부르기도 합니다. 인류를 탄생시키기 위해서 우주가 준비해 온 것처럼 보인다는 말입니다. 그래서 과학철학자들은 이런 우주의 특성을 '인류 원리' 혹은 '인간 원리'anthropic principle 라는 말로 표현했습니다.

도대체 우주는 왜 이런 특성을 갖는 것일까요? 현대 과학
으로는 이 질문에 답할 수 없습니다. 물리학의 기본 상수가 왜
꼭 그 값이어야 하는지를 설명하지 못하기 때문입니다. 물론 미
래에 과학이 더 발전하면 왜 우주가 하필 이런 조건을 갖고 인
류를 탄생시킨 방향으로 흘러올 수밖에 없었는지에 관해 과학
적 답변이 가능할지도 모릅니다. 그 가능성에 대해 우리는 열려
있어야 합니다. 19세기 과학을 돌아보면서 그 낮은 수준에 미
소짓게 되듯이, 현재 21세기 과학이 최고의 완성된 과학이 아
니기 때문입니다. 그러나 이렇게 특별해 보이는 우주 역사의 의
미가 무엇인지, 왜 우주는 인류 원리라고 부를 만큼 특별한 방
향으로 흘러왔는지, 과학으로 답하기 어려운 질문들을 우리가
현재 마주하고 있다는 사실만큼은 분명합니다.

다섯 가지로 살펴본 우주의 특성은 우리에게 심오한 질문
을 던집니다. 우주의 광대함과 경이로움, 우주의 합리성과 수학
적 특성, 우주의 우발성과 지성의 출현, 인간이 우주를 파악할
수 있다는 사실, 그리고 독특한 역사로 기술되는 우주, 이런 특
성들은 도대체 어떻게 이런 일이 생겼는지와 같은 과학적 질문
과 더불어 이런 우주의 특성이 던지는 함의가 무엇인지를 묻게
합니다. 우리 앞에는 '왜 우주는 이런 특성을 가져야만 하는가'

라는 형이상학적 질문이 놓여 있습니다. 이 질문들에 답하려면 과학만으로는 부족해 보입니다.

과학이 답할 수 없는 질문

과학은 무엇입니까? 과학은 경험 세계를 파악하는 하나의 도구입니다. 과학은 이성적 추론에만 매달리지 않고 경험적 데이터를 매우 중요하게 사용합니다. 과학은 어떤 현상에 대한 다양한 경험적 증거를 모순 없이 체계적으로 설명할 수 있는 하나의 설명 체계 혹은 이론을 세우는 작업입니다. 그래서 과학은 절대적 진리라고 할 수는 없습니다. 왜냐하면 새로운 데이터가 나오거나 새로운 이론이 등장하면 과학의 내용은 바뀔 수 있기 때문입니다. 그래서 과학은 잠정적이고 가변적입니다. 과학이 자연을 100퍼센트 그대로 드러낸다는 절대주의, 그런 나이브한 실재론은 이미 20세기 초에 현대물리학의 혁명을 거치며 폐기되었습니다. 그렇다고 해서 과학을 자연이라는 실재와는 아무 상관 없이 과학자들이 서로 약속한 주관적인 합의에 불과하다고 보는 상대주의도 옳지 않습니다. 과학자들이 내린 결론이 자연이라는 실재와는 별 상관없이 인간의 이성 안에서 구성된 것에 지나지 않는다는 구성주의나 반실재론에 과학자들은 동의하지 않습니다.

과학은 완벽하지는 않아도 어느 정도 자연의 실재성을 드러내는, 진화하는 지식입니다. 과학을 자연이라는 실재에 다가가는 하나의 근사로 보는 비판적 실재론이 절대주의나 상대주의의 양극단을 피하는 균형 잡힌 관점입니다. 인간 이성의 한계에 대한 근원적 의심이 있기 때문에 우리는 과학을 자연이라는 실재에 대한 영원한 근사라고 부를 수 있습니다.• 그러나 여전히 유효하게 과학은 자연을 이해하기에 꽤 훌륭한 도구이며, 진리에 다가가는 중요한 힌트들을 제공합니다. 과학의 유용성은 우리가 누리고 있는 현대 과학기술 문명에서 이미 잘 드러나고 있습니다.

그러나 과학은 자연이라는 존재를 파악하는 유용한 도구이지만 '유일한' 도구가 아니라 '하나의' 도구입니다. 자연과학은 데이터를 얻을 수 있는 자연 세계에 국한됩니다. 과학은 우주의 작동 원리와 인과관계를 파악하는 데는 매우 효과적입니다. 그러나 우주의 의미나 인간의 삶의 목적을 파악하는 일에는 매우 제한적입니다. 내가 존재하는 이유를 묻는다면 과학은 정자와 난자가 만나 단세포를 만들고 그 단세포가 DNA에 따라 세포

•   우종학, 『과학시대의 도전과 기독교의 응답』(새물결플러스, 2017), 83쪽.

분열을 해서 생명을 만들어 냈다고 설명할 수 있습니다. 하지만 70억이나 되는 수많은 지구인 중에 나라는 존재의 의미가 무엇인지에 관해 과학이 답할 수는 없습니다.

보이는 게 전부가 아니다

다음 쪽의 두 그림 중에 어느 그림이 진리에 가까울까요? 위쪽은 미국 애리조나 플래그스태프에서 찍은 밤하늘 사진입니다. 아래쪽은 반 고흐의 「별이 빛나는 밤」이라는 작품입니다. 과학적 관점에서 보면 위쪽이 밤하늘을 더 잘 기술합니다. 아래쪽은 과학에 사용할 데이터로서는 큰 가치가 없습니다. 그러나 다른 관점에서 두 그림을 비교할 수도 있습니다. 아래쪽 그림을 보며 우리는 고뇌하는 반 고흐를 떠올립니다. 이 그림에는 고흐가 재창조한 밤하늘이 담겨 있습니다. 별과 달을 포함한 밤하늘을 묘사한 고흐의 작품이 과학적 원리를 알려주는 데는 별로 도움이 안 됩니다. 그러나 우리는 이 작품에서 아름다움을 느끼고 인생을 조망하게 됩니다. 과연 두 그림 중에 어느 것이 더 진리에 가깝습니까? 그 답은 진리가 무엇에 관한 물음인지에 따라 달라질 것입니다.

우리는 경험을 통해 존재를 인식합니다. 그러나 그 경험

플래그스태프의 밤하늘

반 고흐의 「별이 빛나는 밤」

은 다면적입니다. 존재하는 모든 것은 한 면만이 아니라 다양한 면, 혹은 다양한 층위를 가지고 있습니다. 시각장애인들이 코끼리를 만져보고 나서 서로 다른 이야기를 합니다. 서로 다른 부위를 만진 경험을 바탕으로 코끼리는 딱딱하다, 부드럽다, 주름이 많다 등 서로 다르게 결론을 내립니다. 누구 말이 옳을까요? 다 옳을 수도 있습니다. 코끼리는 딱딱한 상아도 가지고 있고 부드러운 꼬리털도 가지고 있고 주름진 피부도 가지고 있습니다. 어느 부위를 만지느냐에 따라 경험의 내용이 달라지고 결론이 달라집니다.

첫 데이트를 회고하는 두 남녀가 말다툼합니다. 누가 먼저 마음을 표현했는지, 첫 데이트 장소는 어디였는지, 두 사람의 기억이 서로 다릅니다. 누가 옳을까요? 서로 다른 진술이 나오는 것은 기억이 갖는 한계 때문입니다. 우리는 경험한 것을 다 기억하지 못합니다. 중요하게 느낀 내용을 선택적으로 기억하지요. 기억의 재편으로 구성된 경험은 실제 일어난 사건과는 꽤나 다를 수 있습니다. 더 나아가서 인간의 기억이 왜곡된다는 것도 실험적으로 잘 입증되고 있습니다. 9·11 테러 사건을 경험하면서 트라우마를 겪는 사람들이 있습니다. 그들을 대상으로 실험한 장기간의 연구들은 경험한 내용에 관한 기억을 왜곡시킨다는 결과를 잘 보여주고 있습니다. 기억은 선택적일 뿐만 아니라 왜곡되기도 합니다.

사실, 존재하는 모든 것은 시간의 함수로 연속적으로 존재합니다. 반면에 우리의 경험은 단편적이고 불연속적입니다. 영화와 사진을 비교하면 이해가 쉽습니다. 영화를 감상하려면 처음부터 끝까지 봐야 합니다. 중간중간 스냅사진으로 찍은 몇 장의 사진을 보고 영화 전체 이야기를 파악할 수는 없는 법입니다. 존재하는 것들이 영화와 같다면 그것들에 관한 인간의 경험은 스냅사진처럼 불연속적이고 제한적입니다. 인간의 경험은 불완전할 수밖에 없습니다.

더욱 심오한 측면에서, 우리는 경험의 배반을 마주하기도 합니다. 우리가 경험하는 많은 것이 이중성을 갖고 있기 때문입니다. 빛은 파동일까요? 입자일까요? 사실 파동과 입자는 매우 다른 특성을 가지고 있습니다. 파동이기도 하고 입자이기도 하다는 말은 모순된 표현입니다. 그럼에도 현대물리학은 빛이 파동이기도 하고 입자이기도 하다는 결론을 내립니다. 빛의 이중성입니다. 빛뿐만 아니라 우리가 경험하는 존재들은 종종 이중성을 보입니다.

기독교 신앙의 영역에도 이런 이중성의 요소가 많습니다. 우리는 지구가 태양의 중력에 의해 1년에 한 번 태양 주위를 공전한다는 과학적 설명을 그대로 받아들입니다. 그러나 동시에 그리스도인들은 신이 지구의 공전을 섭리한다고 믿습니다. 이중성입니다. 사람들은 자신의 자유의지로 모든 것을 결정하고 그에 따라 행동하지만 그렇게 모아진 사건들을 통해서 신은 역사를 주관하고 이끕니다.

현대물리학은 빛이 파동이기도 하고 입자이기도 하다는 결론을 내립니다. 빛의 이중성입니다. 빛뿐만 아니라 우리가 경험하는 존재들은 종종 이중성을 보입니다.

이중성입니다. 자연계에는 다양한 우연성이 있습니다. 방향 없이 생겨나는 듯한 우발적 사건들이 쌓이고 쌓여 우주도 변하고 지구도 변하고 생물들도 진화하지만 그리스도인은 그 과정을 신의 계획과 섭리가 담긴 과정이라고 고백합니다. 이중성입니다.

경험의 다면성과 실재의 다층성, 그리고 경험의 배반은 인간의 경험이 갖는 제한성과 이성의 한계를 보여 줍니다. 그리고 과학만이 실재를 파악하는 유일한 도구가 아님을 다시 한번 분명히 알려 줍니다. 우리가 경험을 통해 제한적으로 만나는 존재하는 모든 것이 질문을 낳고, 존재의 특성은 더더욱 심오한 질문을 던집니다. 우리는 우주가 어떻게 그런 특성을 가졌는지에 관해 인과관계와 작동 원리를 찾는 과학적 질문을 던지고 답할 수 있지만, 그것은 우주라는 실재의 한 면을 보는 것뿐입니다. 그리고 과학을 통해 그 한 면을 보는 것조차도 다양한 한계를 겪을 수밖에 없습니다. 그렇기 때문에 존재를 제대로 파악하기 위해서는 과학뿐만 아니라 과학 외적인 탐구도 반드시 필요합니다. 우주라는 존재를 탐구하는 과정에서 우리는 과학을 통해서 인과관계와 작동 원리도 찾아가야 하지만, 우주의 특성들이 던지는 의미가 무엇인지 묻고 탐구하는 노력을 병행해야 합니다.

우주의 질문, 인간의 응답

앞에서 살펴본 우주의 다섯 가지 특성으로 다시 돌아가 봅시다. 그 특성은 다음과 같은 질문들을 던집니다. 1. 광대한 우주는 꼭 존재해야 했는가? 물질은 어디서 기원했는가? 우주 존재의 의미는 무엇인가? 2. 우주는 왜 수학적인가? 자연법칙은 어떻게 기원했는가? 3. 우주의 우발성은 어떻게 지성을 탄생시켰나? 4. 인간은 어떻게 우주를 이해할 수 있게 되었나? 우주의 수학성과 인간의 이성은 어떻게 연결되었나? 5. 우주는 왜 인간이 탄생하기에 적합한 역사를 가졌나?

  이 질문들에 우리는 어떻게 답할 수 있을까요? 이 질문들은 제가 보기에는 현재의 과학으로는 답할 수 있는 질문이 아닙니다. 오히려 과학을 넘어서는 형이상학적 질문들에 가깝습니다. 다시 말해서 현대 과학을 똑같이 수용하더라도 이 질문들에 관해서는 서로 다르게 답하는 철학적 입장 혹은 종교적 입장이 가능하다는 말입니다. 어떤 입장이 가능할까요? 크게 리처드 도킨스 등으로 대표되는 과학주의 무신론과 기독교 유신론, 둘로 나누어서 이 질문들을 살펴볼까 합니다.

1. 과학주의 무신론

과학주의 무신론의 입장은 물질이 목적 없이 진화해서 우연히 인간을 만들어 냈으며, 인간이 신이라는 개념을 발명했지만 이제는 과학으로 모든 것이 설명 가능하므로 신이라는 개념은 불필요하며 종교는 폐기돼야 한다는 입장입니다. 그러나 이런 무신론의 세계관으로는 우주가 던지는 근원적인 질문들에 답하기가 버거워 보입니다.

　도킨스는 그리스도인들에게 "신이 인간을 만들었다면 신은 누가 만들었는가"라고 질문합니다. 그러나 이 질문은 그리스도인에게는 별 의미가 없습니다. 그리스도인들이 믿는 신은 누가 만든 존재가 아니라 스스로 존재하는 신이기 때문입니다. 반면, 무신론자들에게 그리스도인은 이렇게 물을 수 있습니다. 물질이 인간을 만들어 냈다면 그 물질은 누가 만들었는가? 무신론자들은 이 질문에 명쾌하게 답하지 못합니다. 물질은 영원 전부터 스스로 존재했다는 답변은 신이 영원 전부터 스스로 존재한다는 답변과 비교할 때 별반 다르지 않습니다. 최소한 과학적인 답변이라고 할 수는 없습니다.

우주가 어째서 자연법칙으로 잘 설명되며 수학적 특성을 갖는지에 관한 질문도 답하기 쉽지 않습니다. "우주가 수학적 특성을 갖는 것은 자연스러운 일이다, 그것은 자연 세계의 특성일 뿐이다"라는 답변은 다시 말하면 "원래 그런 거야"라는 말처럼 들립니다. 이런 답변은 별로 만족스럽지 않습니다. 무신론자인 빅터 스텐저는 수학으로 기술되는 자연법칙이 어떻게 생겨났는지 설명할 수 있다고 주장합니다. 가령, '뇌터의 정리'를 가지고 물리학의 기본적인 보존법칙이 존재하는 이유를 설명할 수 있다고 주장합니다. 그러나 그의 설명은 우주의 대칭성과 같은 수학적 합리성을 전제로 한 다음에 거기서 출발해서 보존법칙들에 대한 설명이 가능하다는 말에 불과합니다. 다시 말하면 하나의 수학적 특성에서 또 다른 수학적 특성을 유도하는 방식입니다. 그러나 우리가 던지는 질문은 가장 기본인 수학적 특성들, 가령 우주의 대칭성은 어떻게 생겨났는지를 묻는 것입니다. 과학주의 무신론자들의 대답은 만족스럽지가 않습니다. "왜 악한 사람이 더 잘 살고 선한 사람이 더 고통을 받는받는가"라는 질문에 "원래 인생이 그런 거야"라고 답한다면 여러분은 만족할 수 있을까요?

인간 지성의 기원에 대한 설명도 쉽지 않습니다. 우발적 사건들이 연속되는 우주의 진화과정에서 지성이 탄생했다는 것은 기적처럼 보이는 놀라운 과정이었다고 고백할 뿐입니다. 우주의 수학적 특성과 인간의 이성이 공명을 이룬다는 점은 마치 우주와 인간을 포괄하는 어떤 원리가 있다는 말처럼 들립니다. 이성적이고 수학적 특징을 갖는 그 원리의 기원을 무신론은 과연 어떻게 설명할 수 있을까요?

인류 원리에 대한 설명도 마찬가지입니다. 아직 과학으로 밝혀지지 않은 어떤 설명이 있을 수 있다는 것이 주요 답변입니다. 흔히 다중우주론을 꼽습니다. 우주가 하나가 아니라 수많은 우주가 있다는 다중우주론에 따르면 그 많은 우주 중에 인류를 탄생시킬 특별한 조건과 역사를 갖는 우주가 하나쯤 있어도 문제가 되지 않습니다. 별별 우주들이 다 존재할 테니까 이렇게 특별해 보이는 우주가 하나쯤 있어도 사실은 특별한 것이 아니라는 것입니다. 우연으로 인류 원리를 설명하는 것이지요.

다중우주론은 과학적인 경험적 증거를 현재 전혀 제시하지 못하고 있으며, 수학적으로도 완성된 이론이라 할 수 없습니다. 철학적인 면에서도 다중우주론이 우주 자체의 존재를 설명할 수는 없습니다. 우리가 살고 있는 우주가 수많은 우주 중의 하나이며 빅뱅은 단지 우리 우주가 시작되는 시점이라는 다중

우주론의 설명을 받아들이더라도 '그렇다면 그 수많은 우주는 어떻게 기원하였는가' 하는 질문은 여전히 남습니다. 이 질문에 대한 무신론의 대답은 철학적일 수밖에 없습니다. 그 대답은 우주가 영원 전부터 스스로 존재했다는 것입니다.

2. 기독교 유신론

기독교 유신론은 이 질문들에 어떤 답을 내놓을까요? 우주는 우주를 창조하기로 작정한 창조주의 뜻과 의지를 담고 있습니다. 우주가 수학적이고 자연법칙으로 질서 있게 잘 기술되는 이유는 창조주의 성품을 반영했기 때문입니다. 성경의 하나님은 신실하고 약속을 지키고 오래 참고 동일한 분입니다. 그리스 로마 신화에 나오는 신들처럼 자연계에 마구 간섭하는 변덕스러운 신이 아니라 창세기 1장에 기술되어 있듯이 무질서에 질서를 하나하나 부여해 규칙적이고 안전한 우주를 창조한 분입니다. 우주의 수학적 특성과 자연법칙은 바로 창조주의 성품을 반영합니다.

하나님은 자신의 형상대로 인간을 창조했습니다. 하나님을 대신해서 창조 세계를 보존하고 다스리도록 인간을 창조했습니다. 하나님의 형상대로 인간을 창조하셨다는 뜻은 우리 인간을 하나님과 같은 존재로, 그래서 하나님과 인격적 관계를 맺을 수 있는 존재로, 무엇보다도 하나님을 대신해서 창조 세계를 다스릴 존재로 창조하셨다는 뜻입니다. 그 목적을 위해서는 창조 세계가 어떻게 운행되는지 파악할 이성적 능력이 필요합니다. 하나님의 형상에 담긴 의미 중에 이성이 중요하게 다뤄지는 이유가 바로 이때문입니다. 인간은 하나님의 형상으로 지어졌기에 하나님의 성품을 반영해서 질서 있게 운행되는 수학적 특성을 갖는 우주를 파악할 수 있는 이성을 가졌고, 그래서 우주의 수학적 특성과 인간의 이성은 서로 공명합니다.

창조주 하나님은 100억 년이 넘는 우주 역사의 전반기에 수많은 별을 통해 탄소와 같은 원소들을 만들어 내셨고, 우주 역사 후반기에 태양계를 만들고 생명체가 존재할 조건을 가진 지구를 만들었습니다. 이것이 바로 하나님이 우주의 역사를 운행하는 과정이었다고 그리스도인들은 고백합니다.

하나님이 우주를 운행하시는 방법은 천사를 보내서 별과 행성을 움직이거나 기적적이고 특별한 방법으로 뭔가를 간섭하시는 방식은 아니었습니다. 초자연적 신을 믿는 기독교는 인간의 이성으로 파악되지 않는 기적을 거부하거나 제거하지 않습니다. 그러나 과학을 통해 밝혀진 일들을 보면서 하나님이 자연의 작동과정들을 사용해서 역사하신 내용을 주로 배우게 됩니다. 과학으로 보면 우주의 역사는 우발적입니다. 그러나 우발

> 인간은 하나님의 형상으로 지어졌기에 하나님의 성품을 반영해서 질서 있게 운행되는 수학적 특성을 갖는 우주를 파악할 수 있는 이성을 가졌고, 그래서 우주의 수학적 특성과 인간의 이성은 서로 공명합니다.

적, 우연적이라는 과학의 설명은 작동 원리에 관한 설명일 뿐이며 형이상학적인 의미의 목적을 배제하지 않습니다. 과학은 자연현상의 목적에 관해서는 다루지 않고 다룰 능력도 없습니다.

우주의 우발적 역사는 바로 신의 창조 과정이었습니다. 우발적 사건들이 이어진 역사를 통해 오늘 우리는 시공간의 특별한 한 좌표계에서 지구와 생명의 세계를 만납니다. 그리고 거기에는 놀라운 기적처럼 인간의 지성이 자리 잡고 있습니다. 무신론 입장에서는 우발적 사건들이 연속해서 일어난 끝에 지성이 출현했다는 사실이 기적처럼 보이겠지만, 기독교 유신론은 과학이 우발적 사건이라고 파악하는 것들 안에 신의 섭리와 계획이 담겨 있다고 이해합니다. 우발적 우주의 역사는 하나님이 지성적 인간을 창조하는 과정이었던 것입니다.

3. 두 관점의 비교

우주의 기원에 관해 전해지는 흥미로운 이야기가 있습니다. 어느 과학자가 우주의 기원을 빅뱅으로 설명하자, 그렇지 않다면서 우주는 거대한 거북이가 등으로 떠받치고 있다고 반론을 제기한 사람이 있었답니다. 그렇다면 그 거북이는 누가 떠받치고 있냐고 과학자가 묻자 그 거북이는 다른 거대한 거북이가 떠받치고 있다고 답했답니다. 그럼 그 거북이는 누가 떠받치고 있냐고 묻자 그 사람이 그렇게 내답했다고 합니다. 밑으로 계속 거북들이라고.

농담 같은 이 이야기가 우주의 기원을 명확히 밝히기 어려운 근원적 한계를 잘 보여 줍니다. "우주가 빅뱅에서 기원했다면 빅뱅은 어떻게 생겼는가"라는 질문에 우리는 어떻게 답할 수 있을까요? 스스로 존재하는 신이 빅뱅을 통해 우주를 창조했다는 설명이 있습니다. 반대로 빅뱅은 수많은 우주 중의 하나가 시작된 것일 뿐이고 그 수많은 우주는 스스로 존재한다는 설명도 있습니다. 이 두 설명은 모두 밑으로 계속 거북이라고 말하는 것처럼 들리기도 합니다. 왜냐하면 스스로 존재하는 신이나 스스로 존재하는 물질을 밝히는 일은 과학으로 탐구할 수 있는 영역이 아니라고 생각되기 때문입니다.

우주의 존재에 관한 무신론의 답변과 기독교의 답변은 서로 전제가 다르므로 직접적인 비교가 쉽지 않습니다. 그래도 이 둘을 비교할 필요가 있습니다. 물론 저는 이 우주가 던지는 질

문에 답하면서 기독교 입장을 과학적으로 증명하려는 의도는
없습니다. 지적 설계나 자연신학의 오류를 반복하자는 의도가
아닙니다. 분명히 말하지만, 우주의 특성에 대한 무신론이나 기
독교의 답변은 둘 다 과학이 아닙니다. 과학을 수용하는 면은
동등하지만, 무신론과 기독교 둘 다 과학으로 증명되지 않는 답
변들, 곧 형이상학적 답변을 시도할 수밖에 없습니다. 신이 영
원 전부터 존재했는지, 물질이 영원 전부터 스스로 존재했는지
는 과학으로 분별할 수 없습니다. 우주의 수학적 특성이나 인간
이성과의 공명, 그리고 우주의 우발성도 모두 현대 과학으로는
설명할 수 없는 형이상학적 영역입니다.

　　그렇다면 과학을 넘어서는 이 질문들에 대한 무신론과 기
독교 유신론의 답변을 각각 인정했을 때 어느 쪽이 더 설득력
있을까요? 저는 무신론의 답변이 그렇게 만족스럽지는 않습
니다. 무신론의 답변은 신을 인정하지 않기 위해, 존재가 던지
는 질문들을 회피하는 것처럼 들립니다. 저는 오히려 과학을 넘
어 경험의 다면성과 실재의 다층성이 던지는 질문들에 대한 기
독교 유신론의 답변이 훨씬 더 많은 것을 설명한다고 생각합니
다. 복음주의 신학자 알리스터 맥그래스는 형이상학적 질문들
을 모두 포함했을 때 기독교가 무신론에 비해 훨씬 설명력이 크
다고 말합니다. 물론, 악과 고통의 문제처럼 여전히 답하기 어

려운 경험의 측면이 남아 있습니다. 그러나 이 질문들에 관해서도 기독교 유신론은 충분히 의미 있는 설명을 제시합니다. 가령, 자유의지 변론이나 자연법칙 변론들이 하나의 설명입니다. 분명해 보이는 것은 무신론의 답변과 비교해 볼 때, 기독교 유신론이 우주의 존재와 그 특성들을 설명하는 방식이 훨씬 더 설득력 있고 통일성이 있다는 점입니다.

헌신을 요구하는 진리

진리가 무엇입니까? 진리에 관해 물을 때 우리는 경험에 의존할 수밖에 없고, 그 경험은 다면적이라는 이야기를 나누었습니다. 우주라는 존재는 과학으로 파악할 수 있는 면도 있지만, 과학으로 답할 수 없는 면도 갖고 있습니다. 우주의 작동 원리와 인과관계를 파악한 다양한 과학적 지식의 총합은 우주의 특성을 밝혀내고 있지만, 그 지식의 총합이 던지는 형이상학적 질문들은 과학으로만 답할 수 없습니다. 우주라는 존재의 다른 경험적 측면들, 즉 다른 층위를 파악하기 위해서는 과학 이외에 철학과 종교도 필요합니다. 과학 외의 경험들을 통해 기독교는 신에 대한 믿음을 고백하고 그 믿음으로 세상과 우주를 바라봅니다.

　　기독교 신앙은 과학과 대립하지 않습니다. 신에 대한 믿음은 과학으로 증명되기 때문에 생기는 것이 아닙니다. 그러나 신에 대한 믿음은 과학으로 경험한 우주와 잘 들어맞습니다. C. S. 루이스는 이런 설명을 했습니다. 나는 해가 떠오른 것처럼 기독교를 믿는다고. 해가 떠올라 온 세상을 환히 비춘 것처럼 기독교를 통해 세상을 환히 보게 되었기 때문입니다. 해가 떠오른 것을 직접 보지 못했더라도 해가 떠올랐다고 믿는 것이 세상이 환한 이유를 더 잘 설명하는 것처럼, 신이 과학적으로 증명되지 않더라도 신을 믿고 고백하는 것이 우주라는 존재와 특성을 훨씬 더 설득력 있게 설명해 준다는 말입니다. 신에 대한 믿음은 우리가 경험하는 다양한 존재들과 조화를 이루고 공명합니다.

　　현대사회는 과학주의와 증거주의에 경도된 경향을 보입니다. 과학으로 증명되지 않고 증거가 없는 것들은 가치가 없으며 진리가 아닌 것으로 치부됩니다. 종교학자인 카렌 암스트롱은 심지어 종교의 영역에까지 증거주의가 들어와서 도킨스 같은 과학자들이 신에 대한 과학적 증거를 내놓으라고 요구한다고 비판합니다. 반대 극단에서는 창조과학자들이 신에 대한 과학적 증거를 찾으려 합니다.

　　그러나 우리 삶은 증거주의의 잣대로 측정되지 않는 수많은 가치와 의미에 토대를 두고 있습니다. 나를 희생해서라도 누군가를 사랑하는 것이 과연 옳은지 과학으로 증명할 수 있을까요? 우리가 어떻게 살아야 할지에 관해서 과학이 도덕적 기준과 원리를 제공할 수 있겠습니까? 과학주의 무신론자들과는 다르게 아인슈타인은 이렇게 말합니다. "과학은 사실을 기독교 신앙은 과학과 대립하지 않습니다. 신에 대한 믿음은 과학으로 증명되기 때문에 생기는 것이 아닙니다. 그러나 신에 대한 믿음은 과학으로 경험한 우주와 잘 들어맞습니다.

알아낼 수 있을 뿐, 당위를 알아낼 수 없고, 과학의 영역 밖에서는 온갖 종류의 가치 판단이 여전히 필요하다."* 위대한 한 과학자의 겸손하고 솔직한 고백입니다. 인류의 역사를 돌아보면 우리 인간은 과학으로 증명되지 않는 수많은 가치를 위해 우리 삶을 내걸고 종종 희생해 왔습니다.

진리에 대한 믿음은 단순한 명제적 동의가 아닙니다. 신이 존재한다, 십자가에 구원의 길이 있다는 명제에 고개를 끄덕이고 인정하는 것은 기독교가 말하는 믿음이 아닙니다. 믿음은 동의가 아니라 헌신을 요구합니다. 진리는 증명이 아니라 헌신을 요구합니다. 내가 무엇을 진리라고 믿는다는 말은 내 삶을 헌신

● 알베르트 아인슈타인, 이종철 옮김, 『나의 노년의 기록들』(지훈, 2005)

한다는 의미입니다. 누군가의 행동이 옳지 않고 불의하다고 믿는다면 단순히 그렇게 생각하는 데 그칠 것이 아니라 그 불의에 맞설 헌신이 요구됩니다. 국가의 폭력이 정당하지 않다고 믿는다면 거기에 맞서 항거할 용기와 실천이 요구됩니다. 우리 삶에 의미가 있고 추구할 가치가 있다면 우리는 삶을 거기에 헌신하라고 요구받습니다.

무엇이 우리를 진리로 인도합니까? "진리는 이것이다!"라고 단순히 이해하고 동의하는 것이 아니라 그 진리가 가리키는 방향으로 그 가치에 따라 우리 삶을 헌신할 때, 그때 우리는 비로소 진리에 이르게 됩니다. 진리는 헌신을 끌어내고 헌신은 이해를 가져다 줍니다.

우주가 던지는 질문들을 통해 우리는 우주의 의미와 나의 존재에 관해 더 깊게 생각하게 됩니다. 그 답변은 창조주를 가리키는 하나의 힌트일 수 있습니다. 그리고 그 질문들은 우리가 어떻게 살아야 하는지에 대한 보다 심오한 질문들로 우리를 인도합니다. 이제 겨우 우리는 출발선에 서게 된 것입니다. 우주가 던지는 의미심장한 질문들은 단지 진리에 이르는 출발점일 뿐입니다. 우리는 우주와 연결된 인류의 존재와 나의 존재 의미에 관해, 그리고 어떻게 살 것인가에 관해 다음 단계의 질문들을 마땅히 던져야 합니다. 진리에 한 발짝 더 다가가게 하는 그 질문들이 단순하고 사변적인 지적 동의를 넘어 우리 삶의 헌신을 끌어낼 때 비로소 우리는 진리에 도달할 것입니다. 그리고 그 진리가 우리를 자유케 할 것입니다.

강연 둘.   왜 무엇이 존재하는가

강영안 교수는 2018년 5월 24일 고려대학교에서 열린 한국베리타스포럼 이틀째 모임에서 원래 썼던 원고의 3분의 1 분량을 강연했고, "왜 무엇이 존재하는가"는 그 강연 원고를 확대한 것이다. 원래의 강연 형식은 그대로 유지하였다.

오늘 여러분과 함께 저는 "왜 무엇이 존재하는가?"라는 물음을 가지고 이 물음에 답을 줄 수 있는 방식을 몇 가지 생각해 보겠습니다. 세 부분으로 나누어 오늘 강의를 진행하겠습니다. 첫 번째는 이 물음을 묻는 의미에 관해서 생각해 보겠습니다. 두 번째 부분에서는 이 물음에 답할 수 있는 세 가지 길, 곧 반실재론과 자연주의, 그리고 유신론의 입장을 간략하게 이야기해 보겠습니다. 세 번째 부분에서는 기독교 유신론의 입장이 지금 우리가 몸담고 있는 대학에서 하는 학문과 삶에 어떤 의미를 주는지 간략하게 생각해 보겠습니다.

존재하는 것들에 대한 물음

우리는 많은 물음을 가지고 일상을 살아가고 있습니다. 이 가운데는 쉽게 답할 수 있는 물음이 있는가 하면, 답을 찾기 힘든 물음도 있습니다. 얼마 전에 생긴 물음이 있는가 하면, 수백 수천 년간 내려온 질문도 있습니다. 자연과학과 관련된 질문이 있고 신학과 관련된 질문도 있고 철학과 관련된 질문도 있습니다. 일상에서 만나는 인간관계에서 오는 물음도 있습니다. "왜 무엇이 존재하는가?" 좀 더 길게 물어보면 "왜 아무것도 없지 아니하고 무엇이 존재하는가?" 굳이 영어로 물어보자면 "Why is there something rather than nothing?" 이 물음은 우리가 할 수 있는 질문 가운데 아마 우리와 가장 가까우면서도 가장 먼 질문일 것입니다. 가깝다는 것은 묻고 있는 대상이 우리 주변에, 바로 우리 곁에 있기 때문입니다. 이 물음을 묻고 있는 우리 자신도 이 물음의 대상 가운데 포함됩니다. 그러므로 물음의 대상에서 보면 이 질문은 우리와 매우 가깝습니다. 그런데 이 질문이 먼 질문이라 하는 까닭은 사실상 이 질문을 우리는 실제 생활에서 거의 하지 않기 때문입니다. 아마도 철학자나 신학자만이, 이 가운데도, 매우 드물게 이른바 '형이상학 문제'에 관심 있는 철학자나 신학자만이 이 질문을 하게 됩니다. 그럼에도 "왜 무엇이 존재하는가?"라는 질문은 중요한 질문임에는 틀림이 없습니다.

  왜 무엇이 존재하는가? 왜 아무것도 없지 아니하고 무엇이 존재하는가? 이 물음은 오래전부터 동양과 서양을 막론하고 삶의 현실을 깊이 생각한 몇몇 사람들이 자신의 주변을 돌아보면서 던진 질문입니다. 서양의 첫 철학자들은 존재하는 모든 사물의 시작, 존재하는 사물들을 지배하는 원리, 곧 아르케^{arche}를 찾아보려고 했습니다. 여러분은 아마 철학사 강의에서 만물의 아르케를 탈레스는 '물'이라 하고 헤라클레이토스는 '불'이라 하고 이들보다 한참 뒤에 활동한 데모크리토스는 '원자'라고 했다는 말을 들었겠지요. 존재하는 것들의 시작과 이들을 움직이고 통제하는 원리를 찾고자 하는 노력은 "왜 무엇이 존재하는가?"라는 물음과 함께 시작하였습니다. 동아시아의 지적 전통에도 이 물음이 없었다고 할 이유가 없습니다. 왜냐하면 인간과 세계를 포함한 모든 사물 세계의 존재를 움직이는 음^陰과 양,^陽 그리고 음과 양을 통합하는 태극^{太極}의 존재를 동아시아 전통은 이야기했기 때문입니다. 이때 물었던 물음이 (명시적이지는 않았지만) 바로 "왜 무엇이 존재하는가?"라는 물음입니다. 『주역』^{周易}의 표현을 빌리자면 이 물음은 형이하^{形而下}의 영역에 머물지 않고, 형이상^{形而上}의 영역에 관한 물음, 곧 형이상학의 물음이었습니다.

왜 물음을 묻습니까? 왜 물음을 던지게 되는가요? 무엇을 알고자 할 때 우리는 물음을 던집니다. 무언가를 확인하기 위해서, 다짐을 받기 위해서 묻기도 하지만 물음을 던지는 목적은 앎과 연관되어 있음을 아무도 부인하지 않을 것입니다. 물음을 통해 얻은 앎은 (1) 단순한 정보를 얻는 데 그칠 수 있고 (2) 행동으로 이어질 수 있고 (3) 사람의 성품을 빚어내는 데에까지 이를 수 있습니다. 예를 들어 "그 사람은 뭐 하는 사람이래요?"라는 물음에 "그 사람은 정치하는 사람이래요."라는 답을 얻었다면 "아, 그 사람은 정치에 관여하는 사람이구나"라고 생각할 수 있습니다. 물론 이 정보는 다른 정보와 이어질 수 있고 어떤 행동을 유발할 수도 있습니다. "지금 몇 시인가요?" "부산 가는 기차는 몇 시에 떠나나요?"라는 질문에 대한 답은 정확한 정보를 얻어 행동으로 이어질 수 있는 앎이라 할 수 있겠습니다. 지금 몇 시인지, 기차가 몇 시에 떠나는지 알게 되면 그다음에는 행동을 취할 수 있게 됩니다. 그런가 하면 하나님에 대한 앎이나 우리 자신에 대한 앎은 단순한 정보를 얻어 내고 행동을 촉발하는 일에 그치지 않고 우리 자신의 성품을 빚어내고 우리 자신의 형성으로 이어집니다.

그렇지만 "왜 무엇이 존재하는가?"라는 물음은 이런 종류의 물음과는 성격이 다릅니다. 존재하는 것들에 대한 질문, 존재하는 것들에 대한 물음은 정보를 얻기 위한 동기에서 비롯되었다기보다는 오히려 놀라움에서 비롯된 물음이라 해야 하겠지요. 자연의 아름다움과 광대함을 볼 때, 들에 핀 작은 꽃들을 볼 때, 귀여운 아이를 볼 때 우리는 "이들은 어떻게 존재하며 왜 존재할까?"라며 놀라움을 표시합니다. 우리 앞에 있는 마이크나 탁자, 우리가 지금 앉아 있는 강당, 이것들은 사람이 만든 것들입니다. 이것들에 대해서도 우리는 놀라움을 표시합니다. 그러나 자연을 보고 표현하는 놀라움이나 아이를 보고 표현하는 놀라움은 다릅니다. 이것들은 우리가 만든 것이 아니라 우리에게 '주어진 것들'the givens 입니다. 뜻 없이, 이유 없이 주어진 것들이 아니라 우리에게 '선물로 주어진 것들'given as gifts 입니다. 태어난 지 얼마 되지 않은 아이가 방긋방긋 웃을 때, "애야, 어디서 왔니?"라고 물어보는 경험을 해보지 않았습니까? 아이를 볼 때 찾아오는 놀라움, 경이, 감사하는 마음, 이런 경험을 통해 우리는 존재하는 것들과 더불어 사는 우리의 삶이 그저 우연히 있는 것이 아니라 이 모든 것이 우리에게 주어진 선물임을 알고, 우리는 받은 선물을 누리며 감사하며 살아가는 존재임을 경험합니다.

　　우리는 물음을 던지는 존재입니다. 묻지 않고서는 가만히 앉아 있을 수 없는 존재가 우리 인간입니다. 왜냐하면, 묻기 전에, 질문하기 전에 우리 주변에 있는 것들, 존재하는 것들이, 이미 우리에게 주어져 있기 때문입니다. 만일 우리가 허공虛空의 상태, 무無의 상태, 아무것도 없는 상태에 있다면 질문하지 않을 것입니다. 그런 상태에서는 물을 것도, 묻는 이도 존재하지 않기 때문입니다. 그러나 우리 앞에, 우리 주변에 수많은 존재가 이미 있고, 그 가운데 우리가 존재하기 때문에 존재하는 것들을 두고 물음을 던지게 될 뿐 아니라, 사실은 물음을 던지지 않고

서는 견딜 수 없는 존재가 우리 자신입니다. 왜냐하면 우리 주
변에 있는 것들은 왜 없지 않고 그렇게 있는가 하는 물음이 우
리 속에서 스스로 일어나기 때문입니다. 물음의 중심에 서게 되
는 존재는 바로 우리 자신입니다. 우리는 묻는 존재이면서 물음
의 대상이 되는 존재입니다. 왜 우리는 여기 있는가? 이 물음은
존재의 시작, 존재의 기원, 존재의 목적과 관련된 물음이지만
우리는 존재의 시작과 존재의 끝의 사이, 존재의 한 중간, 존재
의 한가운데 서서 이 물음을 던집니다.

　　홀로 긴 여행을 떠났다고 생각해 봅시다. 깊은 산속을 통과
하다가 발길을 잘못 들여놓는 바람에 미끄러졌다고 합시다. 시
간이 한참 지난 후에야 깨어나 눈을 떴는데, 무슨 일이 일어났
는지 기억이 안 납니다. 주위를 둘러보니 낯선 여행 장비가 놓
여 있습니다. 그러나 내가 어디서 왔는지, 어디로 가고 있는지,
왜 지금 여기에 있는지 알 수가 없습니다. 그러면 무엇을 하겠
습니까? 지금, 이 자리에서, 삶의 한가운데서 우리는 묻지 않을
수 없습니다. 나는 지금 어디에 있는가? 나는 어디서 왔는가?
나는 어디로 가고 있는가? 나는 누구인가? 나는 지금 무엇을 하
고 있는가?

　　이 물음을 이야기하면서 우리는 블레즈 파스칼Blaise Pascal,
1623-1662 ◈을 떠올리게 됩니다. 파스칼을 잘 모르는 사람도 인

간을 "생각하는 갈대"라고 한 그의 말은 들어보았을 것입니다. '생각하는 갈대'라는 표제가 붙은 단편 글에서 파스칼은 이렇게 말합니다.

> 내가 나의 존엄성을 찾아야 하는 것은 결코 공간에 의해서가 아니라 나의 생각을 조절함으로써다. 내가 더 많은 땅을 소유한다고 해서 더 우월한 자가 되는 것은 결코 아니다. 공간에 의해서 우주는 나를 포함한다. 그리고 나를 하나의 점인 것처럼 삼켜 버린다. 그러나 나는 사고에 의해서 우주를 포함한다.[*]

가만히 생각해 보면 파스칼의 관찰은 놀랍습니다. 인간은 공간과 시간의 관점에서 보면 거의 무에 가까운 존재입니다. 공간과 시간 속에 인간은 거의 '삼켜진' 존재입니다. 그러나 생각을 통하여 인간은 광대한 우주를 자신 속에 담을 수 있는 존재입니다. 우주 안에 존재하는 것들 가운데 생각을 통해 온 우주를 담을 수 있는 존재는 인간밖에 없습니다. 인간은 독극물 한 방울로도 죽일 수 있고, 몇십 초 숨을 쉬지 못하게 하는 것만으로도 죽일 수 있는 연약한 존재입니다. 그럼에도 광대한 시간과 공간

---

[*]　블레즈 파스칼, 김형길 옮김, 『팡세』(서울대학교출판문화원, 2005), 78쪽.

파스칼의 관찰은 놀랍습니다. 공간과 시간 속에 인간은 거의 '삼켜진' 존재입니다. 그러나 생각을 통해 인간은 광대한 우주를 자신 속에 담습니다.

◈ 블레즈 파스칼 Blaise Pascal, 1623-1662

의 우주를 생각 가운데 품을 수 있는 존재입니다. 인간은 동시에 자신의 비참함도 아는 존재입니다. 우주의 크기에 비하면 인간은 하찮은 존재에 지나지 않습니다. 자신의 이런 상황, 이런 조건에 대한 인식에 인간의 위대함과 비참함이 공존합니다. 그런데 바로 이 가운데서 인간은 물음을 던지는 존재입니다. 파스칼은 이렇게 쓰고 있습니다.

나의 앞뒤에 놓인 영원한 시간 속에 나의 짧은 생애가 흡수되어 버리는 것을 생각할 때, 내가 차지하고 있고 또 내가 직접 보고 있는 이 작은 공간이, 내가 알지 못하며 또 나를 알지 못하는 저 무한하고 광대한 공간 속으로 가라앉고 있는 것을 생각할 때, 나는 무서움을 느낀다. 그리고 저곳이 아니라 오히려 이곳에 있는 나 자신을 보고 깜짝 놀란다. 왜냐하면 그때가 아닌 지금, 저곳이 아닌 이곳에 있어야 할 이유가 전혀 없기 때문이다. 누가

나를 여기에 놓아두었을까? 그 누구의 질서와 조종으로 이 장
소, 이 시간이 나에게 운명지어졌을까?*

엄청나게 긴 시간과 거의 무한에 가까울 정도로 광대한 공간 속
에서 인간은 생각을 하는 존재이고 생각하는 존재인 인간은 질
문을 던집니다. 누가 나를 여기에 놓아두었는가? 이 장소, 이 시
간에 내가 있는 이유가 무엇인가? 그러나 인간은 또한 이 질문
을 회피하는 존재입니다. 누구보다 정확하게 파스칼은 이 현실
을 직시하였습니다. 물음을 던질 수 있고 생각할 수 있다는 점
에서 인간은 위대한 존재이지만, 자신의 현실을 피할 수 없다는
점에서 인간은 비참한 존재입니다. 그래서 인간은 자신의 현실
을 직면하기보다 회피하는 길을 찾습니다. 파스칼은 이렇게 말
합니다.

> 인간의 모든 불행은 단 한 가지, 곧 방에 가만히 머물러 있을 줄
> 모르는 데서 온다.**

방에 가만히 머물지 못하는 것 자체가 불행의 원인은 아닙니다.

* 　앞의 책, 54쪽.
** 　앞의 책, 95-96쪽.

자신이 누구인지, 지금 자신이 하고 있는 일을 왜 하는지, 자신이 지금 어디 있는지, 어디로 가고 있는지 같은 삶의 근본 질문을 대면하기보다는 오히려 바깥으로 나가 오락이나 사냥, 전투, 정치 등 다른 일에 몰두하면서 자신을 잊고 살아가는 것에 오히려 불행의 근원이 있습니다.

> 우리들의 비참을 위로해 주는 유일한 것은 오락이다. 그렇지만 이것은 우리들의 비참 중에서도 가장 큰 비참이다. 왜냐하면 바로 이것이 우리들이 우리 자신을 생각하지 못하도록 방해하여 모르는 가운데 죽어가도록 만들기 때문이다.*

자신의 불행에 곧장 대면하는 사람은 불행에서 벗어나기를 바랄진대, 그렇지 못한 사람은 불행 속에 머물러 있을 수밖에 없으므로 물음을 직면하기보다 물음을 피하는 것이 오히려 불행의 근원이 된다고 파스칼은 보았습니다. 불행을 면하려면 우리는 방에 홀로 앉아 자신의 삶을 생각하는 법을 배워야 합니다.

이제 한 걸음 물러서서 물어보십시다. "왜 무엇이 존재하는가?" 이 물음에 답할 수 있는 길이 무엇이겠습니까? 인류가 지

---

* 앞의 책, 16-17쪽.

금까지 구축해 온 학문이 이 물음에 답을 줄 수 있다고 우리는 당연하게 기대할 수 있습니다. 인간의 사고와 논리, 글과 말을 통한 인간의 표현, 인간의 욕구와 욕망, 인간의 행위와 행동 등 인간과 관련된 것들, 신체와 관련된 것들, 주변의 자연과 우주와 관련된 것들, 존재하는 물체의 존재와 운동에 관한 것들, 생명이 있는 것들과 생명이 없는 것들에 대한 것들, 존재하는 모든 것이 인간의 지적 추구 대상입니다. 인간과 사회와 자연을 구별해서 존재하는 것들을 연구하는 지식을 '분과학문'分科學問 줄여서 '과학'科學이라 이름 붙여 부릅니다. 이러한 학문들은 인문과학, 사회과학, 자연과학으로 흔히 분류됩니다.

그런데 이 모든 과학은 이미 존재하는 것들을 전제하고 있습니다. 존재하는 것들 없이 우리는 존재하는 것들의 존재와 진리를 물을 수 없습니다. 존재와 진리 물음에는 이미 존재하는 것들의 존재가 전제되어 있습니다. 이뿐 아니라 존재하는 것을 존재하는 것으로 파악하고 이해하는 데는 우리의 지적 노력이 개입됩니다. 존재하는 것들의 존재와 진리에 접근하는 방식은 우리의 지각 방식에 견주어 이해해 볼 수 있습니다.

여기 탁자를 보십시오. 이 탁자는 강의할 때 사용하는 보조 도구로 이 자리에 놓여 있습니다. 그런데 우리는 이 탁자를 한 자리와 한 시점에서 한꺼번에 볼 수 없습니다. 탁자 바로 앞에 앉아 계신 분들은 탁자의 앞면만을 지금, 이 순간 보고 있습니다. 저 오른편에, 저 뒤쪽에 계신 분들은 탁자의 옆면을 보면서 앞면은 비스듬히 보고 있습니다. 저는 당연히 탁자의 앞면과 옆면을 보지 못하고 원고를 둔 탁자 윗면만 볼 수 있습니다. 만일 우리가 탁자 전체를 보려면 시간 가운데 공간을 이동하면서 각 면을 보고 종합할 수밖에 없습니다. 탁자를 지각하는 행위는 공간과 시간 속에 주어진 탁자의 여러 면을 지각하는 주체가 자신이 서 있는 지점에서 바라보는 '지각의 지평' 안에서 여러 감각 자료들을 통합함으로써 가능합니다. 물론 여기에 주어진 감각들을 하나의 대상으로 묶어 내는 '상상력'과 그것을 통합하는 '개념'이 중요한 것은 두말할 필요가 없습니다. 모래알같이 작은 하나의 대상도 탁자의 지각과 마찬가지로 한 순간, 한 동작으로 일어나지 않습니다. 손바닥에 올린 모래알을 볼 때 우리는 마치 우리가 눈에 보이지 않는 모래알 뒷면을 포함하여 모래알 전체를 모두 보는 것처럼 수용합니다. 우리가 일상에서 접하는 그릇이나 컵, 자동차나 집, 도로, 사람의 신체 등 우리는 모두 사실은 한 면을 보면서 마치 전체를 보는 것처럼 수용하며 삶을 살아갑니다. 그러나 사실은 보는 대상이 주어진 지각의 지평과, 보는 사람이 서 있는 지점과, 이 가운데서 주어진 것을 보고 이해하는 주체의 상상력과 지적 능력과, 이해하고 해석하고 상호소통하는 활동이 함께 작용합니다. 이 속에는 공동의 언어, 공동의 체험, 공동의 세계 경험이 중요하다는 것은 말할 나위가 없습니다.

과학을 통하여 우리가 현실reality에 접근하는 방식도 이와 비슷하다고 하겠습니다. 현실은 여러 겹, 여러 면, 여러 층으로 서로 연결되어 있습니다. 우리가 흔히 '자연'이라 부르는 세계 는 공간의 측면과 수의 측면, 물리적 측면과 화학적 측면, 그리 고 생명과 관련된 측면이 있습니다. 이를 토대로 인간을 포함한 동물은 삶을 영위할 수 있습니다. 그런데 삶을 가능하게 하는 현실은 여기에만 제한되지 않고 공동의 삶이라든지 언어의 사 용이라든지 심적 활동이라든지 경제적 교환 관계라든지 역사 를 통한 전통의 형성과 보존이라든지 예배와 같은 신앙 행위라 든지 하는 것들도 포함합니다. 이렇게 생각해 보면 인간을 포함 하여 인간의 삶의 세계를 에워싼 존재하는 것들의 세계는 앞에 서 언급한 대로 매우 다층적이고 다면적이며 다양하다고 하겠 습니다. 헤르만 도이여베이르트Hernan Dooyeweerd, 1894-1977◈의 말 을 빌려 표현해 보자면, 우리가 대학에서 교육하고 연구하는 분 과학문들은 현실의 여러 '양상들'modalities을 각각 대상으로 삼고 있습니다. 수학은 실재하는 현실 세계의 수적 측면을 다루고 기 하학은 공간의 측면, 물리학은 물리적 측면, 화학은 화학적 측

도이여베이르트의 말을 빌려 표현해
보자면, 대학에서 교육하고 연구하는
분과학문들은 현실의 여러 '양상들'
을 각각 대상으로 삼고 있습니다.

✦ 헤르만 도이여베이르트 Herman Dooyeweerd,
1894-1977

면, 생물학은 생명의 측면, 심리학은 심적 측면을 다룹니다. 생
화학이나 물리화학, 생물사회학 등 복합학문이 가능하지만 어
떤 학문이라도 현실의 하나 또는 둘, 많아야 세 측면을 다루고
있습니다. 어떤 과학이든 실재하는 현실의 한 측면을 다루는 분
과학문일 뿐 존재하는 세계 전체를 다루는 분과과학은 존재하
지 않는다고 말할 수 있습니다.✦

그런데 19세기 후반부터 현대의 학문 세계에는 예컨대 심
리학으로 모든 것을 설명해 보려 한다거나 역사를 통해서 모든
것을 설명해 보려고 한다거나 사회학으로 모든 것을 설명해 보
려 하는 경향이 등장하였습니다. 인간의 종교, 문화, 사회 등을
이해할 때 이러한 이런 방식으로 이해해 보려는 태도입니다. 이
를 일컬어 '심리학주의', psychologism '역사주의', historicism '사회학

• Herman Dooyeweerd. *De Wijsbegeerte der Wetsidee* vol. 2 (Amsterdam: H.J.Paris, 1935), 3.

주의'sociologism 란 말을 붙입니다. 마찬가지로 생물학이나 물리학으로 모든 학문을 궁극적으로 설명해 보려는 노력이 끊임없이 있었습니다. 이런 경향들을 일컬어 '생물학주의',biologism '물리주의'physicalism 라고 부릅니다. 어떤 분과과학을 하든지 자신이 하는 분과과학을 통하여 현실 전체를 설명해 보려 하는 경향이 있어 왔고, 이것이 옳다고 생각하는 사람들이 없지는 않습니다. 이러한 경향을 한마디로 이름 붙여 부른다면 아마도 '환원주의'reductionism 이란 말이 가장 적합하리라 생각합니다. 여러 겹, 여러 층, 여러 면의 현실을 결국 하나의 측면으로 모두 설명해 보려는 경향이라 하겠습니다. 탁자의 비유를 다시 끌어들여 이야기하면 탁자 옆면을 보고 탁자 전체를 보았다고 하는 것과 비슷합니다.

우리는 도이여베이르트를 따라 어떤 과학이라도 그 과학이 탐구하는 고유 대상 영역에 관련해서 고유의 '영역 주권'sphere sovereignty 을 가진다고 말할 수 있습니다. 생명 영역과 연관해서는 생물학이, 물리 영역과 연관해서는 물리학이, 언어 영역과 관련해서는 언어학이 가장 분명하게 그 영역과 관련된 현상을 잘 그려 내고 설명할 수 있습니다. 그런데 여기서 한 가지 기억해야 할 것이 있습니다. 어떤 현상도 다른 현상과 완전히 별개로 떨어져 있지 않습니다. 존재하는 것들 가운데 물에 주목해 봅시다. 물은 일정한 화학적 구성요소를 가지며 생명체가 생명을 유지하는 데에 없어서는 안 될 기본 요소입니다. 교회에서 세례를 베풀 때 집례자가 세례를 받는 사람의 머리에 물을 뿌리는 경우를 예로 들어 봅시다. 물을 뿌리는 행위는 죄의 씻음을 상징하는 의미가 있습니다. 죄 씻음이 물로 인하여 물리적으로 발생한다고 생각하는 사람은 없습니다. 왜냐하면 죄는 화학적 속성이나 물리적 속성을 지닌 것이 아니므로 물로써 실제로 죄가 씻긴다고 생각하지 않기 때문입니다. 하지만 만일 물이 씻음을 상징할 수 있는 성질을 가지지 않는다면 씻음을 상징하는 표시로 물을 세례 예식에 사용하지는 않을 것입니다. 한편, 다른 관점에서 보면 물은 또한 경제적 재화이기도 하고, 치수治水는 정치적으로도 매우 중요한 정책 대상이기도 합니다. 그러나 한 분과학문이 이 모든 측면, 이 모든 양상을 자신의 학문에서 고려하지는 않습니다. 화학자의 연구가 생물학자나 경제학자, 정치학자의 연구에 중요한 토대가 될 수 있지만, 그렇다고 물질 세계를 이루는 요소를 통해서 물질계 전체를 설명해 낼 수 있는 것은 아닙니다. 분과학문들은 각각의 대상이 되는 영역이 어떤 존재인지, 그리고 이것이 다른 영역과 어떤 관계를 맺고 있는지, 말하자면 일종의 개별 영역의 존재론과 영역 상호 간의 통합 존재론의 이해가 필요하다고 하겠습니다. 앞에서 잠시 이름을 언급

했던 도이여베이르트의 작업 가운데 하나가 바로 이러한 존재
론을 구축해 보는 일이었습니다.

　"왜 무엇이 존재하는가?"라는 질문은 엄밀한 의미에서 어
떤 한 측면을 다루는 과학의 대상이 아니라고 저는 생각합니
다. 그러면 이 물음을 누가, 어떤 지적 노력의 방식으로 다루어
야 하겠습니까? 이 질문이 대상이 되는 지적 추구의 분야가 있
다면 그것이 무엇입니까? 저는 이 물음은 철학의 물음이고 이
물음은 철학자가 다루어야 할 과제라고 생각합니다. 철학 가운
데서도 '형이상학'이 자신의 고유한 물음으로 삼는 물음이 바로
이 물음입니다. 마르틴 하이데거 Martin Heidegger, 1889-1976 ◆는 그
의 유명한 강의 『형이상학 입문』에서 "왜 무엇이 없지 아니하
고 있는가?" Warum ist ueberhaupt Seiendes und nicht vielmehr Nichts? 라는 물음
을 다룹니다.◆ 하이데거는 이 물음이 그 지위를 따라 "모든 물
음 가운데 으뜸 되는 물음" die erste aller Fragen 이고, 가장 넓은 물음
이고 근원적인 물음이라고 단정합니다. 왜냐하면 "왜 무엇이 없
지 아니하고 있는가?"라는 물음은 모든 것이 의미를 잃고 사라
지는 절망의 순간이나 가슴 뛰는 벅찬 순간에 던지는 물음이며,
아무것도 없는 상태, 곧 무와 맞닿아 그 경계 안에 있는 모든 것

◆　Martin Heidegger, *Einfuehrung in die Metaphysik*, (Tuebingen: Max Niemeyer, 1953), 1-39.

"왜 무엇이 없지 아니하고 있는가?"
하이데거는 이 물음이 "모든 물음 가
운데 으뜸 되는 물음"이고, 근원적인
물음이라고 단정합니다.

◈ 마르틴 하이데거 Martin Heidegger, 1889-1976

을 끌어안는 물음이며 모든 것의 근원에 이르는 물음이기 때문
입니다. 물론 이 질문을 물리학을 뛰어넘는 형이상학의 질문으
로 처음으로 구성한 철학자는 고트프리트 빌헬름 라이프니츠
Gottfried Wilhelm Leibniz, 1646-1716 ◈ 입니다. 라이프니츠는 "이성에 기
초한 자연과 은총의 원리들"1714에서 이렇게 쓰고 있습니다.

지금까지 우리는 단순히 물리학자로서만 얘기해 왔다. 이제는 비
록 일반적으로 별로 적용되지 않기는 하지만 커다란 원리인, 충분
한 근거가 없이는 아무것도 발생하지 않는다고 하는 원리, 즉 사
물을 충분히 인식하는 사람에게는 왜 그것이 그렇게 발생하고 달
리 발생하지 않는가를 결정하기에 충분한 근거를 진술하는 것이
가능하지 않고는 아무것도 일어나지 않는다는 원리를 사용함으
로써 형이상학으로 고양되어야 한다. 이 원리가 정해지면 당연히
제기할 수 있는 첫 번째 질문은 왜 무가 아니고 어떤 것이 존재하

는가pourquoi il y a plus tôt quelque chose que rien 라는 질문이 될 것이다.•

"왜 무엇이 있는가?", "왜 무엇이 없지 않고 있는가?"라는 질문을 통하여 하이데거는 "하나님이 창조했기 때문에"라는 답변을 거부하고자 하였습니다. 그러나 하이데거와는 달리 라이프니츠는 이 물음을 통해 사물의 존재 원인인 하나님의 존재로 이야기를 이끌어 나갑니다. 여기서 라이프니츠는 오늘의 용어로 말하자면 '과학'의 한계를 설정하고 형이상학으로의 이행을 요청합니다. 라이프니츠가 이렇게 할 때 그가 택한 출발점은 존재하는 것들에는 그렇게 존재하는 이유를 설명할 수 있는 충분한 이유가 있다는 원리였습니다. 다시 말해 어떤 근거 없이, 이유 없이 아무것도 발생하지 않는다는 원리입니다. 이것을 원리로 삼아 라이프니츠는 우리의 물음, "왜 무엇이 있는가?"를 묻습니다. 차라리 무의 상태가 훨씬 더 단순하고 쉬울 터인데 왜 무엇이 존재하는가? 무엇이 단지 존재할 뿐 아니라 존재해야 한다면 왜 그렇게 존재해야 하고 달리 존재해서는 안 되는가? 이 이유를 라이프니츠는 진술할 수 있어야 한다고 보았습니다.

• Gottfried Wilhelm Leibniz, "Principes de la nature et de la grace fondes en raison", *Monadologie und andere metaphysische Schriften*, (Hamburg: Felix Meiner, 2002), 161; 윤선구 옮김, 『형이상학 논고』, 아카넷, 2012, 236-237쪽.

하이데거와 달리 라이프니츠는 "왜 무엇이 없지 않고 있는가?"라는 물음을 통해 사물의 존재 원인인 하나님의 존재로 이야기를 이끌어 갑니다.

◈ 라이프니츠 Gottfried Wilhelm Leibniz, 1646-1716

이 물음에 관해 라이프니츠가 답을 찾는 과정은 복잡하지 않습니다. 먼저 라이프니츠는 우연한 사물들의 계열 가운데에서 우주가 존재하는 충분한 이유를 찾을 수 있는지를 숙고합니다. 두 가지 근거로 그는 이 가능성을 부인합니다. 첫째 근거는 물질 자체는 운동을 하거나 정지해 있거나 어느 상태나 가능하기 때문에 물질 안에서 운동에 대한 이유나 근거를 찾을 수 없다는 것입니다. 둘째 근거는 만일 물질에 일어나는 현재 운동이 그것에 앞선, 곧 선행 운동에서 나온다고 하더라도 무한소급만 일어날 뿐 운동의 이유를 설명해 낼 수가 없다는 것입니다. 따라서 라이프니츠는 우주의 존재를 설명할 수 있는 충분한 이유는 (1) 우발적으로 존재하는 사물들의 계열 바깥에 존재해야 하고 (2) 이 계열들의 원인이며 동시에 자신의 존재 이유를 필연적으로 자신 속에 가지는 실체에서 찾을 수밖에 없다고 추론합니다. 그리고 이 두 조건을 충족시키는 존재, 곧 사물의 최종 근거는 '신'^{Dieu}이라 불린다고 결론을 내립니다. 라이프니츠의 논리 전개 방식은 '우주론적 논변'이라고 통칭되는 방식의 일종임을 어렵지 않게 알아챌 수 있습니다. 우발적인 존재의 존재 원인과 운동 원인을 필연적 존재로부터 찾아내는 논증 방식입니다. "왜 무엇이 존재하는가?"라는 물음은 여기서 신이 존재하기 때문에 신으로부터 모든 존재하는 것이 유래했다는 답을 얻을 수 있습니다. 이것이 무엇을 함축할 수 있는지는 오늘 우리가 사는 시대에 제안될 수 있는 설명방식을 논의하면서 좀 더 이야기하도록 하겠습니다.

물음에 답하는 세 가지 방식: 반실재론, 자연주의, 유신론

다시 물음을 원점으로 돌려 봅시다. 왜 무엇이 존재할까요? 존재하는 것들은, 우리가 그것들의 존재를 묻기 전에, 우리 앞에 이미 존재합니다. 물음의 대상뿐만 아니라 묻고 있는 우리 자신도 물음을 묻기 전에 이미 앞서 존재합니다. 우리는 여러 종류의 믿음을 가지고 있고 생각하고 질문하며 아름다움을 지각하고 인지하며 책임 있게 행동할 수 있는 존재입니다. 결국, 존재하는 것들과 존재하는 것들을 두고 물음을 던지는 우리 자신의 존재 또한 설명을 요구합니다. 가능한 설명방식 가운데 오늘 우리가 몸담고 있는 대학과 사회 속에서 주도적 모델로 열거해 볼 수 있는 것은 세 가지입니다. 하나는 반실재론이고 다른 하나는 자연주의, 그리고 마지막으로 유신론입니다.

반실재론은 우리 인간 자신이 세계의 존재와 구조에 책임이 있다고 생각하는 방식입니다. 다시 말하자면 세계가 보여주는 구조와 성질은 그 자체로서 실재하는 것이 아니라 우리 인간 자신이 만들어 내었다고 보는 관점입니다. 만일 우리가 관찰하고 이해하는 세계에 대한 명제 속에 진리가 담겨 있다면 그 진리는 존재하는 것들 속에 내재하는 속성이 아니라 우리가 만들어 낸 것이라는 생각입니다. 이러한 입장, 이러한 태도는 실재를 부인한다는 의미에서 '반실재론'anti-realism 이라 부르거나, 이른바 '실재'reality 는 인간의 구성 활동의 산물이란 뜻에서 '구성주의'constructivism 라 부르거나, 인간의 관점, 인간을 중심으로 본다는 점에서 '인간주의'humanism 라 부를 수 있습니다(물론 여기서 '인간주의'라 번역한 말은 고전 중심의 인문학을 중시한 르네상스 휴머니즘과는 구별되는 용어입니다). 멀리는 "인간은 만물의 척도"라고 말한 것으로 전해지는 프로타고라스Protagoras, 485-415 BC 로부터, 가깝게는 『순수이성비판』의 저자 임마누엘 칸트Immanuel Kant, 1724-1804 ✦에게까지 거슬러 올라가는 사상입니다. 우리는 세계를 시간과 공간 안에서 우리의 개념적 사고의 틀인 범주를 사용하여 구성하고 만들어 낸다고 보는 것입니다. 물론 칸트는 공간과 시간을 벗어나 '사물 자체'Ding an sich 의 세계가 있다고 믿었습니다. 그러나 우리에게 대상이 되는 사물은 시공간의 감성 형식과 지성의 개념 활동을 통해서 우리가 경험할 수 있는 세계 안에 등장한다고 보았습니다. 따라서 존재하는 것들 가운데 우리가 알 수 있고 경험할 수 있는 대상은 사물 자체의 현상들입니다. 이 현상을 객관적 지식으로 만드는 주체는 칸트에 따르면 일종의 보편 의식인 '의식 일반'Bewusstsein überhaupt 입니다. 만일 우리 앞에 있는 개를 보고 우리가 '개'라는 개념을 적용한다면 이때 나의 의식은 단지 나 홀로 자각하는 개인의식이 아니라 지성을 지닌 사람이면 모두 공유하는 보편 의식에 참여하는 셈이 됩니다. 칸트는 '사물 자체'와 '의식 일반' 개념을 통하여 진리가 상대적으로 이해될 수 있는 방식은 분명 초월하지만, 존재하는 세계의 진리는 인간의식을 벗어나 따로 있는 것이 아니라 인간의식의 판단 작용에 자리 잡은 것으로 이해합니다. 현상계와 관련된 '진리의 처소', '진리의 자리'locus veritatis 는 (우리를 에워싼 바깥 현실이 아니라) '판단'이라고 칸트는 분명히 못 박았습니다.*

•   칸트 철학에 관한 저의 해석과 이해는 강영안, 『칸트의 형이상학과 표상적 사유』(서강대학교출판부, 2009)를 참조하십시오.

칸트는 존재하는 세계의 진리는 인간
의식을 벗어나 따로 있는 것이 아니라
인간의식의 판단 작용에 자리 잡은 것
으로 이해합니다.

◈ 임마누엘 칸트 Immanuel Kant, 1724-1804

반실재론 입장에서 중요한 것은 객관적인 실재란 존재하지 않
고 모든 것이 우리 인간의 사고와 정신의 창조 능력의 산물이라
보는 것입니다.

반실재론의 입장을 가지고 이제 "왜 무엇이 존재하는가?"
라는 물음을 대한다고 하십시다. '존재하는 것들의 존재', 그리
고 '존재하는 것들에 대한 진리'를 어떻게 볼 수 있을까요? 우
리 주변에 있는 것들을 생각해 보십시오. 지금 우리가 앉아 있
는 강당 안에만 해도 존재하는 것들이 숱하게 있습니다. 우리
앞에는 탁자, 마이크, 스크린, 의자가 있습니다. 이 모든 것은 필
요를 따라 구상과 설계, 제작과 구입 과정을 통해 이 자리에 배
치되어 있습니다. 욕구와 필요, 목적과 의도, 이해와 능력 등이
여기에 개입되어 있습니다. 더구나 여기 함께 있는 우리는 그냥
모여든 것이 아니라 오래전부터 계획하고 준비한 베리타스 포
럼에 참석하느라 모였습니다. 이 가운데는 어떤 주제를 다루어

야 할지, 누가 말하고 누가 들어야 할지, 어떤 방식으로 진행되어야 할지를 통제하고 규제하는 규칙과 이해가 존재합니다. 이 모든 것은 당연히 우리 자신이 의논하고 협의하여 만들어 낸 것들입니다. 이런 방식으로 생각을 계속 이어가면 우리가 몸담고 있는 대학, 대학과 연관되어 있는 경제와 정치, 이 안에서 이루어진 모든 활동은 모두 인간의 산물입니다. 이 모든 것은 인간의 감각과 상상력, 지성 활동, 나아가 신체 활동과 인간 간의 상호교환 작용을 통해 기획되고 설계되고 생산된 것들입니다. 이 속에 통용되는 규칙들도 암묵적으로 약속되고 승인되고 때로는 필요에 따라 수정되거나 폐기되기도 합니다. 인간은 창조적인 능력을 통해 자연 세계와 인간이 몸담고 있는 사회와 문화를 만들어 왔습니다. 그러므로 존재하는 모든 것이 인간의 상상력과 지성, 인간 정신의 산물이라고 주장할 수 있습니다. 신마저도 인간 정신의 산물이라고 주장할 수 있습니다.

그런데 존재하는 것들의 존재와 존재하는 것들과 관련된 진리를 이야기할 때 빈실새론이 근거할 수 있는 것은, 인간은 정신 또는 의식을 지닌 존재이며 이 능력을 통하여 사물을 인식하며 주어진 사물들을 바탕으로 새로운 것들을 만들어 낼 수 있는 능력과, 도덕적 질서와 사회적 질서, 예술과 여러 관습을 만들며 의미를 부여할 수 있는 능력을 지닌 존재라는 것입니다.

이때 인간은 단지 한 개인 존재일 뿐만 아니라 무엇보다도 종으로서의 인간입니다. 종으로서 지닌 인간의 언어 능력, 남들과 교류하며 함께 살 수 있는 능력, 역사를 통한 전통의 전승 능력 등이 인간을 에워싼 자연 세계와 문화 세계를 만들어 낸 바탕이 된 것을 우리는 부인할 수 없습니다.

그런데 여기에 물음이 등장합니다. "존재하는 것들은 과연 인간 상상력과 지성, 인간 정신의 산물인 것인가?" 하는 물음입니다. 사물에 이름을 붙이고 개념을 사용하고 서로 소통하는 우리의 세계는 분명 인간을 떠나 따로 존재할 수 없는 세계입니다. 그럼에도 우리는 두 가지 근본 현실, 곧 우리 자신을 포함하여 우리 바깥에 있는 세계와, 우리 자신의 능력이, 과연 우리 자신의 산물인가 하는 물음을 물을 수 있습니다. 여기 앞에 놓인 탁자, 그리고 지금 제가 사용하고 있는 마이크, 우리가 앉아 있는 의자와 이것들이 위치한 강당은 분명히 이것들을 만든 사람 없이 실재할 수 없습니다. 이것들의 존재는 이것들을 만든 사람과 그의 의도와 목적에 종속됩니다. 그렇다고 이것들을 일컬어 실재하지 않는다고 말할 수는 없습니다. 재료뿐만 아니라 의도와 목적도 사실은 실재해야 한다고 해야 할 것입니다. 왜냐하면 그렇지 않고서는 이것들이 의도한 대로 제대로 기능할 수 없을 것이기 때문입니다. 마찬가지로 우리의 능력은 우리 자신들이 향상시킬 수 있지만 그 능력 자체가 우리의 산물이라 부를 수 있는가 하는 물음을 가질 수 있습니다. 우리 가운데 누구도 우리의 언어 능력이나 문화를 창출해 내는 능력 자체를 만들어 내는 데에 기여한 사람은 없습니다. 인간으로 태어나지 않았더라면 우리는 아무도 이런 능력을 소유할 수 없었을 것입니다. 우리가 창조적 능력을 발휘해서 그것들로부터 무엇을 만들어 내는 능력은 반실재론으로 설명이 되지 않는 것들입니다. 이것들은 여전히 설명을 요구하는 것들이라 하겠습니다.

반실재론에는 오늘 우리의 주제와 관련해서 또 다른 난점이 있습니다. 만일 여러분이 극단적인 반실재론자라고 해보십시다. 그렇다면 여러분은 여러분과 소통하는 옆에 분들과 사실상 의미 있는 소통이 가능하지 않게 될 것입니다. 왜냐하면 우리는 각각 우리 자신이며, 우리 자신으로 타인과 분리된 채 존재합니다. 그리고 우리는 각자가 지각하는 방식과 지각한 경험을 가지고 있습니다. 만일 이것이 사실이라면 우리는 타인과 어떻게 공통의 잣대를 가지고 소통할 수 있을까요?

칸트의 경우는 앞에서 이야기한 것처럼 반실재론으로 발전될 수 있는 사상을 제공하기는 하였지만, 극단적 반실재론에 빠지지 않을 수 있는 장치를 가지고 있었습니다. 그것이 그의 '사물 자체' 개념과 '의식 일반' 개념이었습니다. 우리가 지각하는 우리 가운데 누구도 우리의 언어 능력이나 문화를 창출해 내는 능력 자체를 만들어 내는 데에 기여한 사람은 없습니다.

현상 세계 배후에 우리의 표상을 가능하게 하는 '사물 자체'와 우리 각각의 개별적 의식을 뛰어넘어 하나의 의식으로 통합하는 '의식 일반'을 칸트의 존재론은 소유합니다. 그러나 칸트의 주체 개념에서 '의식 일반'을, 그리고 대상 개념에서 '사물 자체'를 (칸트 자신의 철학과는 상관없이) 제거해 버리면 개별 의식 주체와 현상 세계만 남게 됩니다. 그렇게 되면 우리 각자는 동일한 세계에 사는 것이 아니라 각자 자신이 만든 세계 속에 살게 됩니다. 트럼프는 트럼프대로 자신의 관점과 자신의 세계를 가지게 될 것이고, 김정은은 김정은대로 자신의 관점과 자신의 세계를 가지게 될 것이며, 스티븐 호킹과 마더 테레사 역시 각자의 관점과 세계를 가지고 살 것입니다. 어떤 세계가 참된 세계이며 참된 것이 무엇인지 한 개인을 넘어 객관적으로 판단할 가능성은 사라집니다. 프로타고라스의 "인간은 만물의 척도다"라는 말을 논리적으로 생각하면 이렇게 말할 수 있습니다. "인간은 만물의 척도다. 나는 인간이다. 따라서 나는 만물의 척도다." 만일 이러한 추론이 옳다면 다음과 같이 주장할 수 있을 것입니다. "내가 진리라고 생각하고 진리라고 말하는 것이 진리이고, 네가 진리라고 생각하고 진리라고 말하는 것도 진리다. 나의 진리와 너의 진리가 같은 진리인지 다른 진리인지 판단할 수 있는 '공통의 잣대'는 존재하지 않는다"라고 말이지요.●

　어떤 것이 진리인지 진리가 아닌지 가늠할 수 있는 공통의 잣대가 존재하지 않는다고 해봅시다. 만일 이것이 옳다면 진리의 존재는 부인되지 않는다고 하더라도 진리가 지닐 수 있는 보편성은 상실한다고 말할 수밖에 없습니다. 왜냐하면 남에게 진리인 것이 나에게는 진리가 아닐 수도 있기 때문입니다. 그런데 사실 '진리'는 우리가 몸담고 있는 세계가 실제로 어떻게 존재하는가 하는 것과 떼어서 생각할 수 없습니다(물론 여기서 '경험독립적인' 아프리오리 a priori 한 지식과 관련된 진리는 괄호 안에 넣어두고 이야기하십시다). "지금 바깥에 비가 오지 않는다"라고 진술한다고 해보십시다. 이 진술이 참인지 거짓인지는 지금 바깥에 실제로 비가 오거나 오지 않는다고 말할 수 있는 사실과 연결됩니다. 여러분, 지금 창밖을 내다보십시오. 제가 방금 한 "지금 바깥에 비가 오지 않는다"라는 진술은 만일 지금 바깥에 비가 오지 않을 경우, 그 경우에 참이라고 말할 수 있습니다. 물론 여기서 말하는 바깥이 어디까지 적용되는가 하는 물음이 가능합니다. 지

●　이와 관련된 논의를 과학철학에서는 'commensurability' 또는 'incommensurability'의 문제로 다룬다는 것만 언급해 두고 지나가겠습니다.

금 우리 모두가 내다볼 수 있는 강의실 바깥을 두고 말하는지, 아
니면 고려대 캠퍼스 전체를 말하는지, 아니면 서울시 전체를 말
하는지, 범위를 정확하게 구획 짓기가 쉽지 않지만 이러한 진술
을 할 때 적용되는 범위는 지금 우리가 있는 주변을 한정해서 이
야기한다고 해도 큰 무리는 없을 것입니다. 여기서 중요한 것은
나의 진술과 관련된 사실이 실제로 주어져 있는가, 있지 않는가
하는 것입니다. 만일 우리 주변에 지금 비가 온다면 나의 진술은
거짓이 될 수밖에 없기 때문입니다. 따라서 진술의 참과 거짓, 진
술의 진리값은 진술 자체보다 진술이 지칭하는 현실 곧 실재와
연관해서 말할 수 있습니다. 그리고 이 실재는 나 홀로 경험하는
실재가 아니라 저와 여러분이 확인하고 경험할 수 있는 실재요
현실입니다. 만일 이러한 실재가 존재하지 않는다면 그리고 함께
공통의 잣대로 적용할 수 없다면 우리는 가장 단순한 일상의 삶
과 관련해서조차도 참과 거짓을 구별할 수 없게 됩니다.

　　그러면 반실재론자는 '존재하는 것'이나 '진리'라는 말을 아
예 쓰지 않을까요? 반실재론자 가운데도 존재하는 것들은 모두
환상이고 착각이며, 진리라는 것도 허상에 불과하다고 얘기하
는 사람들도 존재합니다. 전통 사상 가운데는 인도 사상이나 불
교 사상에서 이런 주장을 찾아볼 수 있습니다. 실재한다고 생각
하거나 진리라 생각하는 것들은 우리의 생각이 만들어 낸 것일

뿐 사실은 실재하는 것이 아니라는 생각입니다. 반실재론자들 가운데 오늘날 볼 수 있는 포스트모던 사상가들은 어떨까요? 예컨대 미셸 푸코 Michel Foucault, 1926-1984 나 리처드 로티 Richard Rorty, 1931-2007 역시 '진리'란 말을 여전히 쓰고 있습니다. 그렇지만 이들은 이것이 어떤 객관적 실재와 연관된다고 보지 않습니다. 푸코는 1970년 12월 꼴레쥬 드 프랑스 교수취임 강연에서 우리의 '진리에 대한 의지'는 다름 아니라 '권력에 대한 의지'라고 말합니다. 진리에 관한 담론은 언어와 제도 속에서 작동하며 이 가운데는 언제나 포함과 배제의 기제, 곧 권력이 작동한다고 푸코는 보았습니다.* 로티는 진리라고 부르는 것은 우리 사회에서 통용되는 어휘, 관용구, 사물을 보는 방식에 매여 있는 것일 뿐 사실은 어떤 실체가 아니라고 생각합니다. 좀 더 정확하게 얘기하자면 로티는 진리란 "우리 동료들이 우리가 하는 말에 동의해 주는 것"이라고 말합니다. 로티는 『철학과 자연의 거울』 Philosophy and the Mirror of Nature 이란 저서에서 이렇게 쓰고 있습니다.

치섬과 버그만과 같은 철학자들은 상식적인 실재론을 유지하려면 그와 같은 설명을 하지 않을 수 없다. 그와 같이 설명하는

•   Michel Foucault, *L'ordre du discours* (Paris: Gallimard, 1971).

목적은 진리가 듀이가 말한 "보증된 주장 가능성" 이상이 되게, 다시 말해, 우리 동료들이 우리가 하는 말에 동의하는 것 이상이 되게 하려는 것이다.[*]

그런데 이런 방식으로 진리를 보는 데는 앨빈 플랜팅가[Alvin Plantinga, 1932-] [**]가 적절하게 지적하고 있는 것처럼 두 가지 문제가 있습니다.[**] 어떤 것이 있다거나 없다고 하는 것이 만일 "우리 동료들"이 믿어 주어서 참이 되고 믿어 주지 않아서 거짓이 된다면, 이 세상에 존재하는 것들이 실제로 존재하지 않는 것처럼 주장될 수 있습니다. 예컨대 암을 보십시오. 암과 같은 것은 존재하지 않는다고 말해 봅시다. 만일 암은 존재하지 않는다고 내가 주장할 때 나의 동료들, 내 편을 들어주는 사람들이 믿어 주어서 그것이 참이 된다면 암은 실제로 존재하지 않는 것이 될까요? 그렇다면 지구상에는 암과 같은 질병뿐만 아니라 만일 우

---

[*]   "For philosophers like Chisholm and Bergmann, such explanations must be attempted if the realism of common sense is to be preserved. The aim of all such explanations is to make truth something more than what Dewey called "warranted assertability": more than what our peers will, ceteris paribus, let us get away saying." Richard Rorty, *Philosophy and the Mirror of Nature* (Princeton: Princeton University Press, 1979), 175-76.

[**]   Alvin Plantinga, "Against Naturalism" in: Alvin Plantinga & Michael Tooley, *Knowledge of God* (Blackwell, 2008), 15-6 참조.

"우리 동료들"이 믿어 주어서 참이 되고 안 믿어 주어서 거짓이 된다면, 세상에 존재하는 것들도 존재하지 않는 것처럼 주장할 수 있습니다.

◈ 앨빈 플랜팅가 Alvin Plantinga, 1932 -

리 동료들이 믿어 주기만 한다면 가난이나 불의, 불평등, 전쟁도 존재하지 않는다고 말할 수 있을 것입니다. 이것은 우리가 상식을 지니고 일상을 살아가는 세계가 아닙니다. 우리는 길이 있고 집이 있고 숲이 있는 세계에서 살아갑니다. 만일 길을 걸어간다면 일정한 곳에 도착할 것이고, 숲에 떨어지는 불똥을 막지 못한다면 숲은 타고 말 것입니다. 우리 동료들의 동의 여부와는 별개로 우리는 실재하는 세계에서, 실재하는 타인들과 살아갑니다.

둘째로 무엇이 실제로 참인지 거짓인지가 중요한 것이 아니라 내가 하는 말을 참이든 거짓이든 사람들이 믿어 주는 것으로 거짓도 만일 참이 된다고 합시다. 그렇다면 도둑질을 하고도 도둑질을 한 적이 없다고 말할 때 만일 나의 동료들이 믿어 주기만 한다면 나는 도둑질을 한 적이 없을 것이고, 내가 한 말도 거짓말이 아니게 될 것입니다. 만일 이것이 참이라면 이런 세계에는 선도 없고 악도 없으며 옳고 그름도 없을 것이고 우리의 삶에는 '도덕적 세계'가 들어설 자리가 없을 것입니다. 이런 방식이라면 수백만 명을 죽음으로 몰았던 나치의 유대인 학살도 학살이 아니었다고 주장할 수 있을 것입니다. 눈에 보이는 것이나 눈에 보이지 않는 모든 것, 곧 존재하는 것 모두를 이런 방식으로 만일 부정할 수 있다면 "왜 무엇이 없지 않고 오히려 있는가"라는 물음은 헛되이 던지는 질문이 될 것입니다.

　자연주의로 넘어가기 전에 포스트모던적인 반실재론에 대해서 잠시 한마디 덧붙이겠습니다. 포스트모더니즘은 단순한 하나의 학파나 사조가 아닙니다. 물론 이 가운데는 상반된 여러 사상가가 포함될 수 있습니다. 제가 잠시 언급한 반실재론자들 또한 모두 포스트모더니스트인 것도 아닙니다. 여기서 언급한 포스트모던적인 반실재론은 존재하는 세계와 관련해서 인간의 의식과 언어, 사회 제도를 떠나 존재하는 현실을 부인하는 20세기 후반의 여러 사상가를 염두에 두었습니다. 이들의 반실재론이 존재하는 것들의 존재와 진리를 일관성 있고 현실에 부합하게 설명하는 모델로서 부족하다고 해서, 포스트모더니즘의 기여를 통째로 부인할 수는 없다고 생각합니다. 세계를 구성하고 의미를 부여하는 '정신'의 역할이라든지, '언어'와 '제도'의 중요성이라든지, 동일성과 대비되는 '차이'라든지, 동일성을 넘어선 '타자'의 중요성이라든지, 학계를 포함한 인간 세계에 존재하는 '권력 관계'를 드러냄의 중요성이라든지 하는 것들은 결코 무시될 수 있는 것들은 아닙니다.

존재하는 것들을 설명할 수 있는 두 번째 대안은 자연주의 naturalism 입니다. 자연주의에는 여러 가지가 있을 수 있습니다. 동양적 자연주의나 서양의 초월주의에서 볼 수 있는 자연주의가 있는가 하면 기독교 신앙을 가진 과학자들이 과학연구를 할 때 취하는 '방법론적 자연주의'도 있습니다. 여기서 말하는 자연주의는 이것들과 구별해서 '철학적 자연주의' 또는 '형이상학적 자연주의'라 부를 수 있습니다.* 이런 의미의 자연주의를 따르면 신과 같은 존재는 존재하지 않고 존재하는 것은 오직 자연밖에 없습니다. 인간은 인간의 희망이나 열망, 인간의 필요나 욕망에는 전혀 관심이 없는 거대한 우주의 지극히 미미한 부분에 지나지 않습니다. 자연주의는 데모크리토스 Democritus. 460-370 BC

• 괴츠와 탈리아페로는 여기서 말하는 '철학적 자연주의' 또는 '형이상학적 자연주의'를 '엄격한 자연주의'(strict naturalism)라 부릅니다. Stewart Goetz & Charles Taliaferro, *Naturalism* (Grand Rapids, MI: Eerdmans, 2008), 7 참조. '엄격한 자연주의'는 여기서 "자연은 존재하는 모든 것이고, 자연과학들, 이 가운데도 특히 물리학이 드러내는 것들이면 무엇이든 자연 자체"라고 보는 세계관입니다. 이러한 관점은 물리주의, 유물론, 과학주의와 곧장 이어지며, 이에 따르면 우리 자신과 관련해서 영혼의 존재, 자유의지, 목적 개념을 통한 목적론적 설명이 배제됩니다. 자세한 내용은 이 책 3장을 참고하십시오.

와 에피쿠로스, Epicurus, 341~270 BC 그리고 루크레티우스Lucretius, 99~ 55 BC 에까지 소급되는 사상입니다. 오늘 유행하는 철학 가운데 유럽철학은 대체로 앞에서 말한 반실재론에 기울어 있고, 영미 철학은 철학적 자연주의에 기울어 있습니다. 이 둘의 적당한 조합 속에서 철학을 하거나 학문을 하는 사람들도 있습니다. 그런데 자연주의는 오늘날 지식뿐만 아니라 인간의 의식, 언어와 의미, 심지어 수와 보편자 같은 추상적 대상과 도덕과 윤리, 미와 종교를 이해하는 데까지 크게 영향을 미치고 있다고 말할 수 있습니다. "왜 무엇이 없지 않고 있는가?", "왜 무가 아니라 무엇이 존재하는가?"라는 물음에 일정한 방식으로 답하려는 자연주의는 과학을 유일한 지식의 원천으로 보는 관점입니다. 여기서 자연주의는 과학주의 scientism 와 유물론, materialism 나아가서 물리주의physicalism 와 거의 비슷한 뜻을 지니게 됩니다. 오늘 유행하는 무신론적 진화론도 자연주의의 한 부분입니다. 우리는 이런 자연주의의 전형을 버트런드 러셀Bertrand Russell, 1872~1970 ✣에게서 단적으로 볼 수 있습니다. 러셀은 "한 자유인의 예배"A Free Man's Worship 란 글에서 이렇게 말합니다.

사람은 결과를 예측할 수 없는 원인들의 산물이라든지, 사람의 출생과 성장, 그가 가지고 있는 희망과 두려움, 사랑과 믿음은 단지 원자들의 우연한 배열의 결과에 지나지 않는다든지, 어떠한 정열도, 어떠한 용맹도, 어떠한 강렬한 사유와 감정도 내세에서는 개인의 삶을 보존할 수 없다든지, 모든 세대의 수고와 헌신과 영감과 번쩍이는 천재성도 태양계의 종말이 오면 소멸할 수밖에 없다든지, 인류의 업적을 자랑하는 전당도 이 우주가 파멸하면 어쩔 수 없는 분토가 되어 버리고 만다든지 하는 말들은 논란의 여지가 없지는 않다고 하더라도 너무나 확실해서 어느 철학도 그것을 부인하기 어렵다. 영혼의 거처는 차후에 이러한 진리들을 발판으로 할 때만, 돌이킬 수 없는 절망에 기초할 때만 안전하게 세워질 수 있다.*

●   "That man is the product of causes which had no prevision of the end they were achieving; that his origin, his growth, his hopes and fears, his loves and his beliefs are but the outcome of accidental collocations of atoms; that no fire, no heroism, no intensity of thought and feeling, can preserve an individual life beyond the grave, that all the labors of the ages, all the devotion, all the inspiration, all the noonday brightness of human genius, are destined to extinction in the vast death of the solar system, and that the whole temple of man's achievement must inevitably be buried beneath the debris of a universe in ruins ? all of these things, if not quite beyond dispute, are yet so nearly certain that no philosophy which rejects them can hope to stand. Only within the scaffolding of these truths, only on the firm foundation of unyielding despair, can the soul's habitation henceforth be safely built." (Bertrand Russell, *Mysticism and Logic*, New York: Barnes & Noble, 1917, 47-8. 러셀의 본문 번역은 고려대 하종호 교수의 번역을 옮겨 온 것입니다.)

러셀의 주장을 이렇게 요약할 수 있습니다. 1. 사람은 예측할 수 없는 원인들의 산물에 지나지 않는다. 2. 사람의 출생, 성장, 사람이 가지고 있는 희망과 두려움, 사랑과 믿음은 원자들의 우연한 배열의 결과에 지나지 않는다. 3. 어떠한 정열도, 어떠한 용맹도, 어떠한 강렬한 사유와 감정도 내세에서는 개인의 삶을 보존할 수 없을 뿐 아니라 모든 세대의 사고와 헌신과 영감과 번쩍이는 천재성도 태양계의 종말이 오면 소멸할 수밖에 없다. 4. 인간의 업적을 자랑하는 전당도 우주의 파멸과 함께 분토가 되어 버릴 것이다. 5. 따라서 이러한 진리에 근거해서, 다시 말해, 절망에 기초해서만이 인간 영혼의 거처가 안전하게 세워질 수 있다. 요컨대 인간의 삶에는 자연 바깥에서 주어진 어떤 근거나 목적, 어떤 이유도 없다는 것입니다. 삶의 근거가 되는 토대, 목적, 의미, 목표가 없다는 생각을 일컬어 '아무것도 없다 nihil, nothing 는 주의', 곧 '허무주의'nihilism 라고 부를 수 있습니다. 러셀의 자연주의는 이런 의미의 허무주의에 귀결합니다.

　　좀 더 단순화하여 자연주의 관점에서 우리의 물음을 접근해 본다고 합시다. 자연주의를 따르면 존재하는 것들은 물질적이고 물리법칙의 지배를 받는 자연밖에 없습니다. 언어를 사용하고 생각하고 사랑하고 행동하고 유머를 만들어 내고 예술과 철학을 하고 역사를 이해하고 도덕 규칙을 지키고 하나님을 예

삶의 근거가 되는 토대, 목적, 의미, 목
표가 없다는 생각을 '허무주의'라 할
수 있습니다. 러셀의 자연주의는 이런
허무주의에 귀결합니다.

◈ 버트런드 러셀 Bertrand Russell, 1872-1970

배하는 것들조차도 모두 인간이 다른 동물들과 마찬가지로 자
연에 속하고 자연 세계의 한 부분이기 때문에 가능합니다. 철학
적 또는 형이상학적 자연주의는 존재하는 것은 오직 자연뿐이
며 신과 같은 초월적 존재를 부인하는 점에서 '무신론'이며 인
간을 포함한 세계를 구성하는 기본 요소들이 물질적인 대상이
라 보는 점에서 대부분 '유물론'을 함축한다고 할 수 있습니다.
여기에는 어떤 의도나 목적, 어떤 설계나 기획이 들어설 자리가
없습니다. 러셀이 말하는 것처럼 물질 세계뿐만 아니라 인간조
차도 원자들의 우연한 배열에 지나지 않습니다. 그렇다면 이 땅
에 있는 모든 것의 기원뿐만 아니라 삶의 목적과 의미를 묻는 것
조차 무의미한 행위에 지나지 않습니다. 그런데 문제는 만일 자
연주의가 참이라면 삶의 의미와 목적뿐만 아니라 ("무엇이 왜 존
재하는가?"라는 물음을 포함해서) 물음을 묻고 지적으로 탐구해 가
는 지적 행위, 지적 추구가 과연 가능한가 하는 물음이 생깁니다.

우리의 지적 작업은 앨빈 플랜팅가가 오랜 노력을 통해 보여주었듯이 우리의 인식 기능이 올바르게 작동할 때 가능합니다.[•] 우리가 무엇을 보고 판단할 수 있는 것은 우리의 눈과 생각할 수 있는 능력이 제대로 기능할 때 가능합니다. 제대로 기능한다는 것은 우리의 눈과 뇌가 사물을 보고 판단할 때 원래 설계한 계획대로 작동한다는 말입니다. 따라서 의식적이고 목적을 가진 지적 행위자 없이 올바른 기능을 이야기할 수 없습니다. 올바른 기능은 지적 설계를 요구합니다. 그런데 만일 여러분이 자연주의자라고 해보십시오. 올바른 기능을 어떻게 설명할 수 있겠습니까? 만일 자연주의가 정말 참이라면 우리가 어떻게 소설을 쓰고 유머를 만들어 내고 철학을 하고 예배를 드릴 수 있겠습니까? 인간은 신체를 통해 자연의 한 부분임을 부인할 수 없습니다. 인간의 정신 작용, 창조적 활동도 신체를 통하여 일어납니다. 그렇다고 이러한 활동도 자연의 일부라고 해야 할까요?[••]

반실재론이 실재하는 세계를 담아내지 못하는 대신 인간의 창조 능력을 극대화한 반면, 자연주의는 실재하는 세계는 이

[•]   Alvin Plantinga, *Warranted Christian Belief* (Oxford: Oxford University Press, 2000), 153-56 참조; Alvin Plantinga, *Knowledge and Christian Belief* (Grand Rapids,MI: Eerdmans, 2015), 25-9 참조.

[••]   이 물음들과 관련해서 좀 더 깊은 논의는 Richard Swinburne, *Is there a God* (Oxford: Oxford University Press, 2010), 63-83 참조.

미 그곳에 있는 세계로 수용하지만 인간의 정신 활동과 창조 활동이 가능한 근거를 적합하게 설명해 주지 않습니다. 자연주의를 따르면 정신 활동은 물질적인 것의 기능, 다시 말해, 뇌의 기능입니다. 그런데 뇌가 어떻게 우리가 이해하는 인간의 정신 활동을 산출할 수 있는지 설명해 주지 않습니다. 여기서 반드시 덧붙일 말이 있습니다. 자연주의가 존재하는 것들을 모두 포괄하는 좋은 설명 모형이 될 수 없다는 말은 오늘의 과학이 그렇게 할 수 없다는 말과 동일하지 않습니다. 오늘날 비록 많은 과학자가 방법론적 자연주의의 입장에서 과학을 탐구한다고 해도 이러한 태도는 철학적 자연주의나 형이상학적 자연주의와는 분명히 구별해야 합니다. 과학은 뇌 연구라든지 인간의 사고와 행동 연구를 통하여 우리의 정신 활동, 곧 우리의 의식 현상과 의식의 활동에 대해서 많은 것들을 해명해 줍니다. 예컨대 과학은 뇌가 어떻게 진화했는지, 어떻게 작동하는지 설명을 할 수 있지만 왜 뇌가 있는지, 뇌가 무슨 이유로 진화했는지, 뇌가 왜 제대로 기능하는지 등을 모두 설명할 수 있는 것은 아닙니다. 과학에는 한계가 있고, 과학의 힘은 그 한계 안에서 발휘되는 힘이라 할 수 있습니다. 그런데 실재하는 현실은 오직 자연뿐이고 자연은 오직 과학만을 통해 설명할 수 있다고 주장하면서 과학적 설명을 존재하는 것들에 대한 유일한 설명으로 못

박을 때 철학적 자연주의에 빠지고 맙니다. 과학을 하는 분들이 철학적 자연주의자가 될 가능성은 그렇지 않은 경우보다 훨씬 높아 보입니다. 그러나 철학적 자연주의를 기초로 해야 과학을 할 수 있는 것은 아니고 과학을 하는 분들이 반드시 자연주의자가 되거나 자연주의를 지지해야 하는 것은 아닙니다. 여기서 논의할 수 없지만 잠시 언급만 해두자면 앞에서 거명한 플랜팅가 같은 철학자는 과학자들이 대부분 수용하는 진화 현상은 철학적 자연주의보다 오히려 유신론으로 더 잘 설명할 수 있다고 봅니다.[*] 유신론은 깊은 차원에서 심지어 진화생물학을 포함하여 과학과 갈등이 없다고 플랜팅가는 주장합니다.

앞에서 이야기한 우리의 인식 기능의 작동으로 되돌아 가보십시다. 우리가 유신론자라면 우리의 인식 기능이 바르게 작동하는 것을 어렵지 않게 설명할 수 있습니다. 특히 기독교 유신론자는 인간이 하나님의 설계와 계획으로 하나님의 모습을 닮은 존재로 창조되었다고 믿습니다. 하나님께서 우리 인간을 설계하셔서 우리 자신과 우리의 신체와 영혼이 하나님의 설계를 따라 제대로 기능할 수 있게 만들었다는 것입니다. 그러므로 만

---

[*]   Alvin Plantinga, *Warrant and Proper Function* (New York: Oxford University Press, 1993), 228 이하; Alvin Plantinga, *Where the Conflict Really Lies* (Grand Rapids, MI: Eerdmans, 2011), 307-54 참조.

일 우리의 능력이, 지적 능력뿐만 아니라 감정과 의지의 능력, 언어 능력, 타인과 관계할 수 있는 능력이, 설계 계획을 따라 제대로 기능한다면 그에 따라 무엇을 알게 되고, 판단하고, 느끼고, 선택하고, 결단하고 행동할 수 있게 된다고 말할 수 있습니다.

이러한 사정은 우리 앞에 놓인 탁자나 마이크, 강당, 그리고 이 강당이 들어서 있는 건물도 같습니다. 제작자의 설계 계획대로 제대로, 올바르게 기능할 때 이것들의 존재 의미가 충족되듯이 인간과 자연도 창조주의 설계 계획을 따라 올바르게 기능할 때 존재 의미가 충족된다고 할 수 있습니다. 철학적 자연주의에는 설계나 계획, 의도, '올바른 기능'의 개념이 들어갈 자리가 없습니다. 만일 자연주의가 참이라면 설계나 의도와 같은 '올바른 기능' 개념뿐만 아니라 건강이나 질병, 정신건강과 같은 것이 들어설 자리가 없게 됩니다. 왜냐하면 무엇이 정상적이며 무엇이 비정상적인지, 어떤 상태가 제대로 돌아가는 상태이며 어떤 상태가 제대로 돌아가지 않는 상태인지를 분별할 수 있는 기준이 들어서지 못하기 때문입니다. 그러므로 플랜팅가는 만일 자연주의가 참이라면 이와 같은 것들이 있을 수 없을 뿐 아니라 우리는 어떤 것도 알 수 없을 것이라고 말합니다.•• 왜

••   Alvin Plantinga, *Warrant and Proper Function*, 21-31 참조.

자연주의가 참이라면 설계나 의도와 같은 '올바른 기능' 개념뿐만 아니라 건강이나 질병, 정신건강과 같은 것이 들어설 자리가 없게 됩니다. 왜냐하면 무엇이 정상적이며 무엇이 비정상적인지 들어서지 못하기 때문입니다. 냐하면 무엇을 알려면 설계 계획에 따라 우리의 지적 능력이 적합한 환경 가운데서 제대로 기능하여 참된 믿음을 성공적으로 산출할 수 있어야 하지만 자연주의 조건에서는 그것이 불가능하기 때문입니다.*

이제 유신론이 "왜 무엇이 존재하는가?"라는 물음에 합리적 대안이 될 수 있는지 이야기를 해보겠습니다. 유신론Theism에 따르면 "인격적인" 하나님이 존재합니다. 우리가 인격이란 말을 쓸 때는 주변에 대해서 의식하고 누구를 사랑하고 미워하며 무엇을 원하거나 욕망하고 무엇을 승인하거나 거부할 수 있는 능력을 가진 사람을 두고 말합니다. 인격적 존재에게는 의식과 감정과 믿음뿐만 아니라 목적과 의

---

*   자연주의 문제를 둘러싸고 2009년 미국철학회에서 플랜팅가와 데닛 사이에 열띤 논쟁이 공개적으로 있었습니다. Daniel C. Dennett & Alvin Plantinga, *Science and Religion, Are They Compatible?* (Oxford: Oxford University Press, 2011)을 보십시오. 이 책은 고려대 하종호 교수에 의해 한국어로 번역되어 있습니다. 대니얼 C. 데닛 · 앨빈 플랜팅거, 하종호 옮김, 『과학과 종교, 양립할 수 있는가』, (이화여자대학교출판부, 2014)

도, 행동할 수 있는 능력도 중요한 속성입니다. 그러므로 이런 의미에서 하나님은 무엇보다 "인격적" 존재입니다. 그러나 그럼에도 하나님은 신체가 없는 인격입니다. 우리의 경우 무엇을 인식하거나 원할 경우, 신체를 통하여 인식하고 신체 동작을 통해서 행동할 수 있지만, 하나님은 오직 마음먹는 것으로, 다시 말해 의욕함willing 을 통해서 행동합니다. 이 하나님은 전능하며, 전지하고, 완전하게 선하신 분입니다. 하나님은 세계를 만드시고 섭리하시고 통치하시는 분입니다. 별과 항성과 갤럭시와 블랙홀과 쿼크와 글루온과 전자 등을 하나님이 창조하셨습니다. 식물과 동물과 인간을 포함하여 살아 있는 모든 것을 하나님은 창조하시고 섭리하시고 통치하시고 선한 것들로 채워 주십니다.

유신론의 관점에서 볼 때 인간은 특별한 위치를 차지합니다. 하나님은 인간을 하나님의 모습, 하나님의 형상Imago Dei 으로 창조하였습니다. '하나님의 모습', '하나님의 형상'을 여러 가지로 해석하는 전통이 있지만 가장 손쉽게 이야기할 수 있는 것은 인간이 하나님을 닮은 인격체라는 것입니다.•• 인간은 알 수 있고, 사랑할 수 있고, 아름다운 것, 선한 것을 추구할 수 있고 선택

•• '하나님의 형상'에 관한 해석은 신학의 역사를 보면 다양하게 나타났습니다. 최근의 해석 경향에 대해서는 Anthony Thiselton, *Systematic Theology* (Grand Rapids, MI: Eerdmans, 2015), 136 이하를 참조하시길 바랍니다.

하고 행동할 수 있습니다. 하나님의 모습, 하나님의 형상으로 인
간이 지음받았기 때문에 인간은 하나님과 이웃을 알고 하나님과
이웃을 사랑할 수 있습니다. 이뿐 아니라 하나님이 지은 세계를
알고자 하고 알 수 있는 능력을 받았습니다. 하나님의 형상으로
지음받았다는 것은 참된 것, 곧 진리를 갈구하고 진리를 찾아 나
서는 지적 노력과 추구가 가능한 근거입니다. 하나님은 인간에게
이러한 능력을 주었을 뿐 아니라 이 세계를 규칙(법칙)에 따라 존
재하고 돌아가는 세계로 창조하였습니다. 이처럼 우주에 드러나
는 규칙 때문에 과학과 과학 기술이 가능합니다. 만일 하나님이
이 세계를 창조하고 지금도 붙들고 계시지 않으시면 이 세계는
마치 바람 앞의 등불처럼 쉽게 사라지고 말 것입니다. 그러나 하
나님은 이 세계를 일정한 규칙과 항상성으로 붙드시고 통치하시
며 사랑하십니다. 하나님이 창조하시고 통치하시는 모습은 이 세
계, 이 우주 어느 곳에나 빠짐없이 드러납니다. 다시 반복하자면
이 때문에 과학과 과학 기술이 가능하다고 하겠습니다.

　　유신론 관점에서 보면 하나님이 설계하고 창조한 세계는
일종의 거대한 유기체와 같다고 하겠습니다. 이 유기체는 매우
복잡하고 거대하지만 어떤 경우든 질서와 규칙성, 일정한 구조
를 지닌 세계입니다. 과학은 이러한 세계가 지닌 놀라운 구조를
파악하고 이해하려는 지적 노력이고 공동체적인 노력입니다.

앞에서 말했듯이 이 세계는 하나님이 설계하고 창조하셨기 때문에 하나님의 형상, 하나님의 모습으로 지음받은 인간이 탐구할 수 있고 이해할 수 있는 세계입니다. 아인슈타인은 "우주에 관해서 이해할 수 없는 단 한 가지는 우주를 이해할 수 있다는 것이다"The only incomprehensible thing about the universe is that it's comprehensible 라고 말했습니다.• 이 말은 우리가 사는 세계가 우연의 산물이 아니라 하나님이 창조하신 세계이며, 하나님이 질서와 구조, 규칙성을 부여했기 때문에 이해할 수 있는 세계임을 (아인슈타인 자신의 신념과는 별개로) 어떤 말보다 더 웅변적으로 말해 줍니다.

기독교 신앙은 과학에 무관심하거나 적대적이 아니라 훨씬 더 적극적이며 우호적입니다. 왜냐하면 기독교의 창조 신앙은 하나님이 이 세계를 우리가 (모든 면은 아니라 하더라도) 이해할 수 있는 방식으로 창조하셨고 우리에게 주신 지적, 이성적 능력으로 창조 세계를 파악할 수 있다는 믿음을 우리에게 주기 때문입니다. 그러므로 과학을 포함한 모든 지적 노력은 한편으로는 하나님을 닮은 모습의 한 면을 드러내는 것이며 다른 한편으로는 하나님이 지으신 세계를 이해해 가는 과정이라 말할 수 있습니다. 따라서 존재하는 것들의 참된 모습을 지적으로 탐구하는

•   John Polkinghorne, *Quarks, Chaos & Christianity* (New York: Crossroad, 1994), 24.

모든 노력에 유신론은 방해가 되기보다는 오히려 철학적 자연주의와 심지어 방법론적 자연주의가 줄 수 없는 지적 동기를 부여해 주고 지적 지평을 열어 준다고 저는 생각합니다. 유신론자가 지적 탐구의 어느 부분이나 지점에서 방법론적 자연주의를 택할 수 있는 여지를 완전히 배제하지는 않는다 하더라도, 모든 지적 탐구 과정에서 심지어 방법론적 자연주의 입장을 반드시 취해야 하는지, 이것이 일종의 지적 게으름은 아닌지, 우리는 물어볼 수가 있겠습니다. 저는 유신론의 입장을 취한다 하더라도 지적 탐구에 어떤 왜곡이 발생하거나 독단이 개입될 여지는 없다고 생각합니다. 16-17세기 과학자 갈릴레이 Galileo Galilei, 1564-1642 와 케플러, Johannes Kepler, 1571-1630 17세기 과학자 파스칼 Blaise Pascal, 1623-1662 과 보일, Robert Boyle, 1627-1691 17-18세기 과학자 뉴턴, Isaac Newton, 1643-1727 19세기 과학자 패러데이 Michael Faraday, 1791-1867 와 맥스웰 James Maxwell, 1831-1879 은 처음부터 끝까지 기독교 유신론의 관점으로 그들의 지적 탐구를 이어 갔습니다.[*] 어떤 의미에서 철학적 자연주의뿐만 아니라 이른바 '방법론적 자

[*] 이 가운데 특히 패러데이와 맥스웰의 신앙과 과학이 어느 정도 밀접하게 연관되어 있었는지는 다음 글을 참고하시길 바랍니다. Ian H. Hutchinson, "The Genius and Faith of Faraday and Maxwell," in *The New Atalantis*, Winter 2014, 81-99 (https://www.thenewatlantis.com/docLib/20140702_TNA41Hutchinson.pdf) (2018년 7월 12일 접근)

연주의'도 오늘날 한편으로는 과학 공동체로부터 부과된 강요이고, 다른 한편으로는 과학자 자신들의 지적 게으름과 연관된 것이라 볼 여지가 전혀 없지는 않다고 저는 생각합니다.[••]

　　유신론 전통, 특히 이 가운데 기독교 전통에서 이해한 창조는 우주와 생명체의 기원 문제에 국한되지 않음을 강조할 필요가 있습니다. 창조를 20세기 초중반부터 교회 내에서나 학계에서 "창조인가, 진화인가?"라는 물음 가운데 양자택일의 문제로 제한해 버린 경향이 없지 않았습니다. 마치 진화를 수용하면 창조를 부인해야 하고 창조를 수용하면 진화를 부인해야 하는 것처럼 오해하는 상황이 꽤 오랜 세월 지속되었습니다. 한국 교회 안에 양자택일의 선택지가 아직도 강하게 강요되는 분위기가 있음을 아마도 부인할 수 없을 것입니다. 이와 같은 분위기는 현대 과학이 반신앙적이고 무신론적인 것처럼 교회 안에 잘못된 인식을 심을 뿐 아니라 교회 바깥의 사람들에게는 기독교를 반과학 집단처럼 보이게 하는 데 기여하였습니다. 일부 대안학교 가운데는 공교육에서 사용하는 생물학 교과서를 쓰지 않고

[••] '방법론적 자연주의'와 관련된 비판적 논의로는 Del Ratzsch, "Natural Theology, Methodological Naturalism, and 'Turtles All the Way Down'," in: *Faith and Philosophy*, 21 (2004), 436-455; Alvin Plantinga, *Where the Conflict Really Lies*, 18 이하 참조.

마치 진화를 수용하면 창조를 부인해야 하고 창조를 수용하면 진화를 부인해야 하는 것처럼 오해하는 상황이 꽤 오랜 세월 지속되었습니다. 이와 같은 분위기는 현대 과학이 반신앙적이고 무신론적인 것처럼 교회 안에 잘못된 인식을 심을 뿐 아니라 교회 바깥의 사람들에게는 기독교를 반과학 집단처럼 보이게 하는 데 기여하였습니다.

다른 교재를 만들어 이른바 '창조과학'을 가르치는 일까지 생겼습니다. 이뿐 아니라 창조를 "창조인가, 진화인가?"라는 물음의 틀에 가두어 보기 때문에 우리가 눈으로 보는 우주뿐만 아니라 예컨대 우리의 몸과 건강과 먹을거리들과 우리 삶의 환경이며 터전인 이른바 '자연'을 포함한 존재하는 모든 것이, 여기서 한 걸음 더 나아가 우리 가정과 학교와 사회와 국가, 우리의 법률과 경제 행위와 지적 추구, 예술 행위, 모든 일상이, 하나님의 창조 결과이며 창조의 터 위에 서 있다는 사실을 우리가 충분히 이해하고 즐기고 누리며 감사하는 데까지 이르지 못하게 만들었다고 저는 생각합니다. 창조는 '창조냐, 진화냐' 양자택일에 집어넣기에는 너무나 포괄적이고 너무나 깊고 넓은 하나님의 계획과 계획의 실행과 통치와 섭리를 포괄하는 영역이고 그런 영역의 존재 방식입니다. 하나님의 창조 없이는 우리의 지적 능력의 발휘뿐만 아니라 우리의 문화와 예술, 예배도 가능하지 않습니다.

창조는 기원이나 시작의 문제일 뿐 아니라 존재하는 것들의 과정과 진행, 목적과 목표와도 연관되어 있습니다. 다시 말해 삼위일체 하나님을 통해서 존재하는 모든 것에게 주시는 샬롬, Shalom 곧 평화의 관점에서 창조를 볼 수 있습니다. 구약의 선지자 이사야는 하나님의 복음을 선포할 때 구원의 하나님은 이 세상의 통치자들과는 다르게 하늘과 땅을 창조하신 분이라고 강조합니다.

이 세상의 통치자들은 풀포기와 같다. 심기가 무섭게, 씨를 뿌리기가 무섭게, 뿌리를 내리기가 무섭게, 하나님께서 입김을 부셔서 말려 버리시니, 마치 강풍에 날리는 검불과 같다. 거룩하신 분께서 말씀하신다. "그렇다면, 너희가 나를 누구와 견주겠으며, 나를 누구와 같다고 하겠느냐?" 너희는 고개를 들어서, 저 위를 바라보아라. 누가 이 모든 별을 창조하였느냐? 바로 그분께서 천체를 수효를 세어 불러내신다. 그는 능력이 많으시고 힘이 세셔서, 하나하나, 이름을 불러 나오게 하시니, 하나도 빠지는 일이 없다. 야곱아, 네가 어찌하여 불평하며, 이스라엘아, 네가 어찌하여 불만을 토로하느냐? 어찌하여 "주님께서는 나의

사정을 모르시고, 하나님께서는 나의 정당한 권리를 지켜 주시
지 않는다" 하느냐? 너는 알지 못하였느냐? 너는 듣지 못하였
느냐? 주님은 영원하신 하나님이시다. 땅 끝까지 창조하신 분이
시다. (이사야 40:24-28, 새번역)

구원의 하나님은 언약의 하나님입니다. 하나님은 성령을 통하
여 그리스도 안에서 그의 백성의 하나님이 되고 그의 백성은 하
나님의 백성이 되어 하나님의 나라, 곧 진실과 인애, 정의와 평
화의 공동체 속에서 살아가는 삶의 전망을 보여 줍니다. 창조는
이렇게 하나님의 구원, 하나님과의 언약을 떠나 생각할 수 없고
하나님의 구원과 언약은 결국 자연과 이웃과 나 자신이 하나님
안에서 함께 누리는 샬롬의 현실과 연관됩니다.*

앞에서 이야기했습니다만 성경에서 보여주는 창조는 어떤
필연성에서 비롯된 것이 아니라 하나님의 자유로운 의지의 선
택으로 시행되었습니다. 다시 말해 창조 세계는 하나님의 자유
로운 선택의 결과입니다. 그러므로 반드시 있어야 할 필요가 없
습니다. 우리의 존재와 삶도 마찬가지로 반드시 있어야 하는 것

---

* 　신학자 칼 바르트는 창조와 언약의 관계를 이렇게 표현합니다: "창조는 언약
의 외적 근거이고, 언약은 창조의 내적 근거다." Karl Barth, *Church Dogmatics*
III/1 (Edinburgh: T & T Clark, 1958), 97 & 231.

은 아닙니다. 이렇게 보면 창조 세계는 아리스토텔레스가 생각한 것처럼 영원 전부터 존재한 것도 아니고 신플라톤주의자들이 생각한 것처럼 신의 본성으로부터 자연적으로 유출된 결과도 아닙니다. 따라서 창조 세계가 자동적으로 신적 본성에 참여하는 것으로 볼 수 없습니다. 모든 창조 세계가 하나님의 자유로운 선택에서 나왔다는 것은 또한 창조 세계가 하나님께 의존함과 연관됩니다. 하나님은 예수 그리스도를 통하여 온 세계를 창조했을 뿐 아니라 지금부터 세상 끝까지 만물을 붙드시고 계십니다(히 1:3). 이 세계는 시간 안에 있고 시간과 함께 지속되며, 따라서 영원한 하나님과는 달리 시간적이고, 신적인 존재가 아니라 속된 존재입니다. 이 점에서 창조주 하나님과 피조 세계 사이의 존재론적 차이를 이야기할 수 있습니다. 하나님만이 거룩하고 신적이며 하나님의 창조 행위로 존재하고 존속하는 피조 세계는 속된 존재입니다. 피조 세계, 곧 존재하는 모든 것들은 하나님께 의존합니다. 그러나 이 가운데 특별히 하나님의 모습으로 지음 받은 인간은 자신의 삶을 기획하고 선택할 수 있는 자유와 독립성을 부여받았습니다. 이러한 의지는 루터가 강조했듯이 자유의지이기보다 노예의지로 작동하게 되었지만 그럼에도 하나님이 인간에게 자유로운 선택의 능력과 책임을 주신 것을 부인할 수 없습니다.

그렇다면 하나님은 왜 자유로운 의지로 이 세계를 지으셨는가 하는 물음을 던질 수 있습니다. 아마도 우리가 얻을 수 있는 가장 명확한 답은 아우구스티누스가 인정한 대로 "하나님께서 원하셨기 때문이다"라는 답일 것입니다.* 그럼에도 바빙크가 말하듯이 "왜 하나님이 원하셨는가?"라는 물음은 여전히 남습니다. "하나님이 외로우셔서" 또는 "하나님에게 이 세계가 필요해서" 등의 답은 쉽게 배제할 수 있습니다. 왜냐하면 하나님이 이 세계와 그 안에 존재하는 것들을 지으시고 보존하고 붙들고 계신 이유는 외로움이나 필요에 의해서가 아니기 때문입니다. 그분은 그분 안에서 자족하신 분이며 스스로 지복의 삶에 머무는 분이십니다. 그럼에도 하나님이 이 세계와 그 안에 있는 것들을 지으신 목적은 궁극적으로는 하나님의 영광을 위한 것이라고 말할 수 있습니다. 하나님은 지으신 만물을 통하여 창조주로, 구속주로, 만물을 새롭게 회복하는 분으로 영광을 받으십니다. 그러나 그럼에도 이렇게 영광을 받으시는 하나님이 이 세계와 그 안에 있는 것들을 지은 이유를 캐묻는다면 결국은 사랑 때문이라고 답할 수밖에 없다고 저는 생각합니다. 하나님은 존재의 기쁨을 자신의 피조물과 함께 즐기고 누리시기를 원하십니다.** 존재하는 것들의 목적 은 이렇게 보면 존재하는 것들 이 각각 존재의 기쁨을 누리고 서로 사랑하는 것이라 말할 수 있을 것입니다.

하나님이 이 세계와 그 안에 있는 것들을 지은 이유를 캐 묻는다면 결국은 사랑 때문 이라고 답할 수밖에 없다고 저는 생각합니다.

기독교 유신론의 창조 사 상에서 빠뜨릴 수 없는 것은 하나님의 창조가 선하다는 것입니 다. 하나님은 이 세계를 보시기에 좋은 세계(창 1장)로 창조하였 습니다. 하나님의 창조로 존재하게 된 세계와 그 안에 있는 모 든 것은 이런 의미에서 그 자체가 곧 하나님의 선물입니다. 하 나님의 선물인 창조 세계는 비록 그 가운데 삶을 위협하는 요소 들이 있지만 그럼에도 변함없이 신실하게 운행하고 있고 우리 는 이 안에, 이 세계를 근거로 삶을 살아갈 수 있습니다. 성경의 가르침과 우리의 실존적 경험은 이 세계 안에 있는 것들과 우 리 자신들이 하나님의 선물임에도 오용되고 뒤틀어지고 왜곡 되었음을 증언해 줍니다. 그러나 죄의 힘은 하나님이 창조한 좋 은 세계를 완전히 악한 세계나 무의미한 세계로 만들지 못합니 다. 그리스도의 구속과 종말에 이루어질 악에 대한 승리의 관점

••   Cornelis van der Kooi & Gijsbert van den Brink, *Christian Dogmatics, An Introduction* (Grand Rapids, MI: Eerdmans, 2017), 208-9 참조.

에서 보자면 죄는 하나님이 지으신 좋은 세계, 선한 세계에 침투한 일종의 바이러스이며 기생하는 존재에 지나지 않습니다.[*] 기생충이나 바이러스는 그 자신의 힘보다는 숙주의 존재와 힘을 따라 살기 때문에 그 자체가 기생하는 숙주의 존재에 풍성한 의미를 가져올 수 없습니다. 마찬가지로 하나님의 창조 세계에 존재하는 죄와 악의 힘, 그와 연관된 고통과 절망은 성령 안에서 그리스도를 통하여 세계를 구원하시고 회복하시는 하나님의 승리에서 보면 일종의 에피소드에 지나지 않으리라는 희망을 우리는 가질 수 있습니다. 이 땅에서 우리의 삶과 사역은 이미 그리스도를 통해 시작된 일과 앞으로 최종적으로 이루어질 일 사이의 긴장과 희망 사이에 놓여 있다고 말할 수 있습니다. 이제 이러한 관점에서 마지막으로 우리의 학문과 관련해서 잠시 들여다 보겠습니다.

유신론이 학문과 진리, 삶의 의미와 관련해 갖는 의미

우리의 물음은 "왜 무엇이 존재하는가?", "왜 무엇이 없지 않고 존재하는가?"였습니다. 이 물음은 인간 중심의 반실재론과 모

---

[*]   Cornelius Plantinga, Jr, *Not the Way It's Supposed to Be: A Breviary of Sin* (Grand Rapids, MI: Eerdmans, 1995), 85 이하 참조.

든 것을 자연으로 환원하는 자연주의의 틀보다는 오히려 유신
론이 훨씬 더 합당한 답을 해줄 수 있다는 것이 지금까지 전개
한 논지였습니다. 이제 만일 유신론이 참이라고 한다면, 그것이
우리의 지적 탐구 행위와 진리 개념과 그리고 우리의 삶에 무슨
의미를 주는지를 결론으로 살펴보겠습니다.

우선 무엇보다 유신론적 창조 이념은 우리의 학문에서 경
험의 중요성을 보여 줍니다.** 하나님이 이 세계를 창조하셨다
는 것은 앞에서도 이야기했듯이 이 세계, 이 우주를 '자유롭게'
창조하셨다는 것입니다. 다시 말해 지금 우리가 사는 세계, 우
리가 보는 우주는 반드시 그렇게 있어야 할 필요가 없었지만 하
나님이, 현재 움직이는 방식으로 창조하셨다는 것입니다. 다시
말해, 이 우주는 가능한 세계 중에서 하나님이 선택하신 세계이
며, 그렇기 때문에 우연적이고 우발적인contingent 세계라는 것입
니다. 이것이 과학을 포함한 우리의 지적 추구 작업에 주는 의
미는 적지 않습니다. 만일 이 우주가 현재의 방식으로 '필연적
으로' 존재한다면 과학은 오직 이성으로만 충분하게 연구할 수
있었을 것입니다. 예컨대 논리학의 동일률이나 모순율은 우리
의 경험을 요구하지 않습니다. 필연적인 진리는 이성으로 알 수

••   Alvin Plantinga, "Against Naturalism", in: Alvin Plantinga & Michael
Tooley, *Knowledge of God* (Blackwell, 2008), 4-5 참조.

있습니다. 그러나 우리가 살고 있는 세계, 이 우주는 필연적 존 재가 아니라 '우연적, 우발적 존재'contingent being입니다. 반드시 이렇게 있어야 할 이유가 없습니다. 그럼에도 이렇게 있기 때 문에 이 세계에 관한 진리는 논리의 세계와는 달리 필연적 진 리가 아니라 우연적 진리, 우발적 진리라 하겠습니다. 따라서 이것을 이해하기 위해서는 이성을 통한 추론뿐만 아니라 경험 이 요구됩니다. 다시 말하자면 유신론을 따르면 이 세계, 이 우 주에서 발견되는 질서와 규칙, 구조는 우연적인 것들입니다. 반 드시 그렇게 있어야 할 필요가 없었습니다. 그러나 지금은 이 와 같은 것들이 존재합니다. 그러므로 이와 관련된 것들에 대 한 참된 것, 곧 진리를 발견하려면 이성을 통하여 아프리오리 a priori 하게, 선험적으로 접근하는 데서 그치지 말고, 경험, 곧 관 찰과 실험을 이용해야 합니다. 이 때문에 과학은 이성적인 탐 구이면서 동시에 경험적일 수밖에 없습니다. 인격적인 하나님 이 이 세계, 이 우주를 창조하셨다는 것은 과학의 경험적 성격 을 뒷받침해 준다고 하겠습니다. 하나님이 무수한 가능 세계 가운데 현재의 세계를 선택했다면 단지 이성만을 사용하지 않 고 경험을 사용하여 직접 보고 관찰하고 확인하는 것이 당연합 니다. 그렇지 않으면 참된 지식을 얻어 낼 수 없기 때문입니다. 레이어 호이카스 Reijer Hooykaas 는 세계를 하나님이 자유로운 의지로 지으셨기 때문에 이성이나 논리가 아니라 경험을 통하여 하나님이 지으신 세계를 탐구해야 한다는 기독교적 경험주의가 근대과학의 출현에 얼마나 중요한 기여를 했는지 잘 보여주고 있습니다.[*]

둘째로, 기독교 창조 이념은 진리 또는 참된 것의 일종의 존재론적 근거가 된다고 해야 하겠습니다. 참된 지식, 그리고 지식의 참됨(진리)은 적어도 세 가지 조건을 요구합니다.

첫째 조건은 발견할 수 있는 진리가 우리 바깥에, 우리와 상관없이 존재해야 합니다(진리 실재성의 조건). 만일 그렇지 않다면 우리가 진리라 말하는 것들은 우리 자신이 만들어 낸 것들에 그치고 말 것입니다.

둘째 조건은 만일 진리가 우리 바깥에 있더라도 우리가 그것을 진리로 인식하고 파악할 수 있는 능력이 완전히 결여되어 있다면 우리는 진리를 추구하고 파악하고 이해할 수 없을 것입니다(진리추구와 파악 능력의 조건). 다시 말해 무엇을 진리로 인식할 수 있는 능력이 우리에게 있어야 합니다.

셋째 조건은 만일 무엇이 진리라면 그것은 진리 편에서 인식 가능하도록 주어지고, 추구자 편에서 그것을 추구하며, 상호

• 　 R. Hooykaas, *Religion and the Rise of Modern Science* (Grand Rapids, MI: Eerdmans, 1972), 29 이하 참조.

> 만일 무엇이 진리라면 그것은 진리 편에서 인식 가능하도록 주어지고, 추구자 편에서 그것을 추구하며, 상호 간의 만남이 일어나야 합니다.

간의 만남이 일어나야 합니다 (진리의 주어짐과 추구와 만남의 조건). 만일 진리가 인식 가능한 방식으로 주어지지 않는다면 내가 인식하려 해도 나는 그것을 진리로 인식할 길이 없게 될 것입니다.

그런데 앞에서 이야기한 자연주의와 포스트모던적인 반실재론은 이 조건을 충족시킬 수가 없습니다. 오직 유신론만이, 아니, 철학에서 종종 쓰는 용어를 사용해서 이야기하면, 유신론적 비판적 실재론critical realism 만이 이 조건을 충족시킬 수 있습니다. 포스트모던적인 반실재론을 따르면 주체 바깥에는 실재하는 존재, 실재하는 현실이 존재하지 않습니다. 실재하는 모든 것은 언어나 사회 관습, 인간의 상상력 등을 통해 만들어 낸 인간의 구성 활동의 산물입니다. 자연주의를 따르면 설계 계획을 따라 올바르게 기능하여 참된 믿음, 참된 지식을 생산할 수 있는 지적 능력이 인간에게 결여되어 있습니다. 그러나 유신론적 비판적 실재론을 따르면 이 세계는 인격적인 하나님이 지적으로 파악될 수 있는 구조와 질서를 통하여 설계하고 창조하셨고 인간은 하나님의 형상, 하나님의 모습을 닮은 존재로 지어졌

기 때문에 함께 지음받은 세계를 탐구하고 이해할 수 있는 능력
을 소유하고 있습니다. 따라서 이 세계를 탐구하고 이해할 가능
성, 그 가운데서 참된 것들을 발견하고 이해할 가능성이 인간에
게 주어졌습니다. 따라서 인간은 알기를 원하고 참된 것을 발견
하고자 합니다. 지식의 욕구가 자신의 이익과 지배력을 키우기
위한 방식으로 오용되고 왜곡될 수 있다 하더라도 이러한 욕구
가 인간에게 있다는 사실 자체는 부인할 수 없습니다. C. S. 루
이스는 "전시의 학문"Learning in War-Time이란 강연에서 이 사실을
다음과 같이 웅변적으로 서술하고 있습니다.

> 페리클레스 시대의 아테네인들은 신전뿐만 아니라 추도연설도
> 남겼습니다. 이것은 의미심장합니다. 곤충들은 다른 길을 택하
> 였습니다. 녀석들은 물질적 부와 안전한 보금자리를 먼저 추구
> 했고, 그 보상을 받고 있는 듯합니다. 그러나 인간은 다릅니다.
> 사람들은 포위된 도시에서도 수학 공리를 내놓고, 사형수 감방
> 에서 형이상학적 논증을 펴고 교수대를 두고 농담하고, 퀘벡 성
> 채로 진군하면서 새로 지은 시詩를 토론하고, 테르모필레에서
> 도 머리를 빗었습니다. 이것은 허세가 아니라 우리 인간의 본성
> 입니다.•

곤충들과 다른 길을 선택한 인간의 지적 탐구에는 참된 것, 선한 것, 아름다운 것을 발견하고자 하는 인간의 열망과 상상력, 이성을 사용한 탐구, 미적 감식력, 그리고 무엇보다 한 사람의 노력뿐만 아니라—마이클 폴라니가 '공동의 삶'Conviviality 이라 부른—인간의 공동체적이고 주체적인 노력이 개입됩니다.** 그리고 동시에 내재된 질서와 구조, 규칙성을 탐구하는 이성 앞에 보여주는 대상 세계의 '열어 줌'이 있습니다. 이 두 주체와 대상의 만남, 이 두 현실의 인격적 만남을 통해서 하나님이 보여주고자 하는 세계의 진실된 구조가 드러난다고 말할 수 있겠습니다. 이런 의미에서 과학 탐구뿐만 아니라 인간의 도덕적 노력, 예술적 창작 행위, 정의롭고 평화로운 세계를 만들고자 하는 노력은 모두 실재하는 현실과 주체적 인간의 인격적 만남이고 인

• "Periclean Athens leaves us not only the Parthenon but, significantly, the Funeral Oration. The insects have chosen a different line: they have sought first the material welfare and security of the hive, and presumably they have their reward. Men are different. They propound mathematical theorems in beleaguered cities, conduct metaphysical arguments in condemned cells, make jokes on scaffolds, discuss the last new poem while advancing to the walls of Quebec, and comb their hair at Thermopylae. This is not panache; it is our nature." C. S. Lewis, *The Weight of Glory* (HarperOne, 2001), 50.

•• Michael Polanyi, *Personal Knowledge: Towards a Post-Critical Philosophy* (London: Routledge & Kegan Paul, 1958), 216 이하 참조.

격적 행위라 하겠습니다.•••

셋째로, 유신론은—비록 그 전체를 우리가 이야기할 수 없었지만—우리 바깥에 존재하는 세계뿐 아니라 우리 자신들의 삶에도 의미와 목적을 제공해 줍니다. 만일 자연주의를 따르거나 반실재론을 따른다면 삶의 의미와 목적을 이야기할 수 있는 근거가 없다고 하겠습니다. 자연주의에는 이 세계의 목적이나 의도, 의미뿐만 아니라 우리 삶의 의미와 의도, 목적을 이야기할 자리가 사실 없으며, 반실재론에는 그런 자리가 있다 하더라도 그것은 너무나 자의적인 것에 지나지 않게 됩니다. 그러나 유신론은 내가 왜 여기 있는지, 내가 어떤 존재인지, 내가 무엇을 해야 할지, 내가 어떤 세계를 지향하며 살아가야 할지 이야기할 수 있습니다.

"왜 무엇이 없지 않고 오히려 존재하는가?"Why is there something rather than nothing? 이 물음은 단지 존재의 기원뿐만 아니라 존재의 목적, 존재의 의미와 연관된 물음입니다. 이 물음에 대한 기독교 유신론의 답변은 삼위 하나님께서 창조하셨기 때문이며 하나님이 우리 인생에 바라는 삶의 목적과 삶의 방식이 있기 때문이라는 것입니다. 사도 요한은 그의 편지에서 "하나님은 사랑이라"(요일 4:8, 16)라고 쓰고 있습니다. 기독교 신앙 전통은 사랑

••• 학문에 관한 저의 생각에 관심이 있는 분은 강영안, 『종교개혁과 학문』(SFC출판부, 2016)을 참고하시길 바랍니다.

이신 하나님이 성령 안에서 예수 그리스도를 통해 이 세계를 창조하시고, 죄로 인해 왜곡되고 훼손된 세계를 사랑이신 하나님이 성령 안에서 예수 그리스도를 통해 구속하시고 회복하시는 이야기를 이어 왔습니다. '창조'가 사랑이신 하나님의 부름^{call}에 대한 응답^{response}이라면 '죄'는 부름에 대한 반역이고 그리스도를 통한 '구속'은 인간이 실패한 하나님의 부름에 대한 응답의 삶을 성령 안에서 회복하는 사건입니다.

우리가 사는 세계에는 악과 고통이 있습니다. 이 현실은 부인할 수 없는 현실입니다. 예수 그리스도의 십자가의 고난과 부활은 죄로 인해 훼손된 하나님의 창조 세계, 악과 고통이 있는 세계를 회복하고 새롭게 하는 사건입니다. 예수 그리스도의 교회는 이 이야기를 끊임없이 우리에게 들려주었고 우리를 이 사건으로 초대해 왔습니다. 하나님의 창조와 인간의 불순종과 성령 안에서의 그리스도를 통한 창조의 회복은 하나님의 창조가 단지 기원의 문제, 과학의 문제, 지식의 문제가 아니라 이 세계의 시초에서 종말에 이르기까지, 기원에서 목표에 이르기까지 존재하는 것들의 의미와 삶의 방향을 보여 줍니다. 이 방향이 가리키는 목표를 굳이 말로 표현해 보라 하면 참됨^眞과 선함^善과 아름다움,^美 또는 진리와 진실,^{truth} 정의와 공의,^{justice} 화평과 평화^{peace}라고 이름 붙여 보겠습니다. 경청해 주셔서 감사합니다.

강영안 × 우종학

대담   모든 진리는 하나님의 진리다

: 기독교 신앙이 파악할 수 있는 세계의 진실은 어디까지인가

2018년 5월 24일, 고려대학교에서는 베리타스 포럼 이틀째 강연이 열렸다. "존재하는 것들: 과학자와 철학자의 기독교적 사유"라는 제목으로 우종학 교수와 강영안 교수가 차례로 강단에 올랐다. 두 사람은 강연 후 포럼에 참여한 학생들의 질문을 받고 답했다. 물음은 긴급했고 응답 역시 그 의도를 충분히 헤아렸다. 교회와 세상의 경계에서 좌고우면하는 청년들의 고민은 깊었다. 그들을 점점 잃어가는 한국 교회를 위해 두 사람은 다시 자리를 마련했다. 더는 늦출 수 없는, 긴박한 전환이 필요하다는 데 동의했다. 두 사람이 제시하는 대안이 한국 교회의 행보에 꼭 필요한 동력이 되기를 바란다.

　　우종학　강연 주제는 '존재하는 것들: 과학자와 철학자의 기독교적 사유'였습니다. 우리는 존재하는 것들을 경험하고, 그 경험은 총체적입니다. 그중 하나가 과학적 경험입니다. 수집한 증거들을 정량화하고 인과관계를 따져서 이해하는, 과학이라는 경험이 있습니다. 제가 전공하는 천문학 영역에서는 우주라는 존재가 가진 여러 특징을 점점 더 면밀하게 파악하고 있습니다.

　　존재하는 것들은 자연스럽게 우리에게 질문을 던집니다. 존재하는 것들을 경험할 때마다 우리 속에 질문이 생기는 거죠. 왜 존재하는지, 왜 그런 식으로 존재하는지 묻습니다. 우주의 특성에 관해서도 어떻게 해서 그 특성들이 생겼는지, 거기에 담긴 의미는 무엇인지, 그것들이 우리 인간에게 주는 것은 무엇인지를 묻게 됩니다.

　　우주의 특성을 저는 다섯 가지로 설명했는데요. 우주의 광대함과 경이로움, 우주의 합리성과 수학적 특성, 우주의 우발성과 지성의 출현, 인간이 우주를 파악할 수 있다는 사실, 그리고 우주의 특별한 역사로 기술되는 우주의 본성, 이렇게 다섯 가지였습니다. 우주의 특성에 담긴 의미를 어떻게 봐야 하는지는 과학적 탐구를 넘어서는 문제이고, 우주라는 존재가 가진 어떤 다른 면을 보게 합니다. 우리의 경험은 전체 중 일부를 찍은 스냅사진처럼 단편적이라서 굉장히 불완전하지만, 그럼에도 그 경험들을 통해 만나는 존재들에 관해 계속 의미를 묻고 질문을 던질 수는 있습니다.

그 질문에 답할 수 있는 여러 방식이 있겠지만, 그중 과학주의 무신론과 기독교 유신론의 답변을 주로 살펴봤습니다. 전자는 과학 너머의 영역을 인정하지 않기 때문에 우주의 특성들이 우리에게 어떤 의미가 있는가에 대해 그다지 만족스러운 답을 주지 못합니다. 반면, 후자는 앞서 본 우주의 특성들을 총체적으로 파악하고, 과학을 통해 파악되지 않는 다른 면들까지 포괄하는 통합된 그림을 제시해 준다는 면에서 설득력이 있다고 제안했습니다.

결국 진리는, 존재하는 것들을 우리가 경험할 때 우리 안에 다양한 질문들이 일어나고 그 질문들의 답을 찾으면서 드러납니다. 그런데 그 진리는 증명되는 게 아니라, 진리임을 받아들이고 세상을 볼 때 오히려 세상이 더 정확하고 잘 보이기 때문에 진리인 줄 알게 됩니다. 따라서 진리는 증명이 아니라 헌신을 요구합니다. 헌신이 거꾸로 우리를 진리에 다가가게 한다고 마무리를 했습니다.

> 진리는 증명되는 게 아니라, 진리임을 받아들이고 세상을 볼 때 오히려 세상이 더 정확하고 잘 보이기 때문에 진리인 줄 알게 됩니다.

강영안 강연에서 제가 출발점으로 선택했던 물음은 '왜 무엇이 존재하는가'였습니다. 이 질문은 오래된, 형이상학적 질문입니다. 오늘날 관점에서 이 질문에 답할 수 있는 방식은 세 가지입니다. 상당히 많은 과학자나 철학자들이 따르고 있는 자연주의가 첫 번째고, 두 번째는 구성주의라고 부를 수도 있고 포스트모던적 해체주의라고 부를 수도 있는데, 이를 포괄해서 반실재론이라고 할 수 있습니다. 마지막이 전통적 기독교 유신론입니다. 물론 유신론은 기독교 유신론뿐만 아니라 유대교 유신론이나 이슬람 유신론도 가능하죠. 유일신을 믿는 데서 나오는 유신론적 관점입니다.

존재하는 것에 관해 질문할 때, 특히 진리의 문제가 거론될 때, 가장 일관성 있고 정합성 있는 관점은 자연주의나 반실재론보다는 유신론이라는 주장을 했죠. 그 이유는 첫째, 무엇보다 인간의 지적 능력, 지성적 추구를 자연주의보다는 유신론이 훨씬 더 설명을 잘해주기 때문입니다. 우 교수님께서 강연에서 이야기했던 것처럼 인간은 하나님의 형상으로 지어진 존재이며, 하나님의 형상을 이해할 때 전통적으로 가장 중요한 요소로 여기는 게 인간의 지적 능력입니다. 거기에는 도덕적 능력, 미적 능력, 하나님을 예배할 수 있는 종교적 능력까지도 포함됩니다. 그러한 능력이 우연히 등장했다는 설명보다는 지적 설계에 의하여 출현했다는 설명이 더 설득력이 있고 현실에 부합한다는 논의를 했죠.

두 번째 이유는, 특히 반실재론과 관련한 것인데요. 반실재론은 실재하는 것이 결국 인간의 이성이나 상상의 산물이라고 주장합니다. 기독교 유신론은 우리가 탐구하는 대상의 실재를 반실재론보다는 훨씬 더 일관성 있게, 그리고 경험에 부합하게 설명합니다. 우리가 진리를 탐구하고 지적 연구를 해가는 활동에 기독교 유신론이 훨씬 더 튼튼한 기초를 제공할 수 있는 것이죠.

경험을 통한 탐구의 중요성은 자연주의 관점이나 반실재론 관점보다는 기독교 유신론 관점에서 볼 때, 훨씬 더 강조할 수 있습니다. 왜냐하면 만일 이 세계가 필연적이거나, 인간의 이성과 상상력의 산물이라면, 굳이 경험을 강조할 필요가 없습니다. 경험을 강조한다는 것은 이 세계의 우발성을 수용하는 것입니다. 우발성도 여러 방식으로 해석할 수 있겠지만, 유신론적 관점에서 보면, 탐구 대상인 이 세계와 우주, 그리고 인간의 삶과 정신적 활동, 이 모든 것은 반드시 있어야 하거나 애초부터 그러해야 하는 존재가 아니라 하나님의 자유로운 창조의 결과입니다. 그렇다면 이럴 수도 저럴 수도 있는 가능성은 단순히 논리적인 연역의 결과로 알 수 있는 게 아니라, 경험적 관찰과 탐구 과정을 통해서 드러날 수밖에 없습니다. 경험의 중요성이 그만큼 강조될 수 있다는 것이죠.

　　진리의 세 가지 측면으로도 설명할 수 있습니다. 진리 탐구는 우리가 만들어 낸 대상이 아니라 실재하는 세계나 인간의 심리적 현상 같은 우리 바깥에 존재하는 세계에 관한 탐구입니다. 그런 점에서 진리는 나의 바깥에 실재하는 것입니다. 그렇지만 진리는 인식 능력이 있는 존재에게 발견되거나 드러나야 하므로 지적 능력이 있는 존재가 전제되어야 합니다. 그리고 실재하는 세계와 지적 존재의 만남으로 진리는 비로소 파악되고 이해되고 해석될 수 있습니다. 이 세 가지는 하나님의 창조와 인간이 지음받았다고 하는 기독교 유신론으로 훨씬 더 잘 설명할 수 있습니다.

세 번째 이유는 지적 탐구가 가지는 일종의 자율성입니다. C. S. 루이스의 "전시의 학문"에서 인용했듯이 진리 탐구는 실용적이거나 실제적인 결과에 따라 좌우되는 것이 아니라, 하나님께서 우리에게 주신 탐구 능력, 지적 호기심에 의해서 촉발되는 부분입니다. 실용성이나 이념성을 강조하거나, 푸코 같은 이들이 주장한 것처럼 '지식은 곧 권력이다'라는 관점에서 권력을 탐구의 동기로 보면, 왜 사람이 죽어가는 전쟁통에서 우주를 연구하고 지적 탐구를 하는지가 잘 설명이 안 되죠. 우리가 지적 탐구를 할 수 있다는 것은 지적 존재로서 하나님을 닮아가는 행위이며, 하나님께서 만드신 진리를 탐구하고자 하는 인간의 내적 본성과 연관된 것이라서, 이러한 설명은 자연주의나 반실재론보다는 기독교 유신론을 통해 더 잘 보장될 수 있습니다. 크게 이 세 가지를 강의에서 강조했던 것 같습니다.

비판적 실재론과 공동체의 역할

강영안 우 교수님과 제가 공통으로 주목했던 것은 비판적 실재론입니다. 그 점에서는 거의 의견 차이가 없었습니다. 지적 탐구의 가장 온당한 존재론적 근거가 무엇인지에 대한 답은, 소박한 실재론도 아니고 그렇다고 과학적 실재론도 아닌, 비판적 실재론이라는 입장입니다. 소박한 실재론naive realism이란 우리가 보거나 듣거나 만지거나 하는 지각 행위와 우리가 사용하는 개념과 상관없이 실재가 내 바깥에 존재하고 그것을 아무런 매개 없이 있는 그대로 경험한다는 입장이고, 과학적 실재론은 과학 이론이 서술하는 내용이 곧 실재라고 보는 입장입니다. 제가 이 야기하는 비판적 실재론은, 실재하는 현실을 전제하면서도 이를 탐구해서 지식을 생성하는 지적 노력과 연관되어 있습니다. 그 지적 노력에는 우선 개념의 틀이 개입합니다. 경험이 하나의 자료로 주어지지만 개념을 통해 파악하는 것이죠. 그런데 그 개념은 고정된 것이 아니라 변화 가능성이 있기 때문에 끊임없는 해석의 과정을 동반합니다. 그래서 비판적 실재론은 주체와 대상 사이의 단순한 만남이 아니라, 이해하고 해석하고, 다시 오류를 수정하는, 인간의 끊임없는 주체적 활동입니다. 이때 주체적 활동은 개별 주체의 활동이면서 동시에 공동체 안에서 함께 이루어지는 공동 주체의 활동입니다.

우종학　비판적 실재론 입장은 공통된 부분이었는데요. 강교수님은 소박한 실재론과 과학적 실재론을 대조해서 비판적 실재론을 이야기하신 반면에, 저는 나이브한 실재론과 반실재론을 대비하고 싶었습니다. 인간이 경험을 통해 파악한 내용을 과학이라 부를 수도 있고, 또는 어떤 지식체계라고 할 수도 있겠죠. 그렇게 파악해 낸 내용이 실재를 있는 그대로 고스란히 드러낸다는 입장이 나이브한 실재론이라 할 수 있습니다. 반면에 반실재론은—저는 상대주의라는 표현을 썼는데요—인간이 파악해 낸 내용이란 것이 실재와는 다르며 그저 주관적으로 구성한 내용에 불과하다는 것입니다. 가령 어떤 과학 이론이 있다면 그 과학 이론이 실재를 완벽하게 파악했다고 보는 입장이 나이브한 실재론이겠고, 그 과학 이론은 실재와는 아무 상관 없이 과학자들이 주관적으로 약속한 내용에 불과하다고 보는 입장이 상대주의겠죠. 저는 그 둘이 아닌 중간적 입장의 비판적 실재론을 강조했습니다.

　　과학자 입장에서 비판적 실재론을 말할 수밖에 없는 이유는 두 가지입니다. 하나는 이성의 한계입니다. 인간이 이성적 추론을 통해 만들어 갈 수 있는 총합에는 한계가 있을 수밖에 없고, 또한 인간의 경험조차도 이미 갖고 있는 어떤 관점 혹은 세계관의 틀 안에서 이해될 수밖에 없습니다. 결국, 어떤 실재를 파악하는 과정에서 이성의 한계는 피할 수 없습니다. 두 번째 이유는 경험의 제한성입니다. 강연 때도 이야기했지만, 우리는 어떤 실재를 연속성을 갖고 처음부터 끝까지 다 보고 경험하는 것이 아니라 단편적으로 보고 경험할 수밖에 없습니다. 이렇게 이성의 한계와 경험의 제한성 때문에 실재를 있는 그대로 파악해 낸다는 입장인 나이브한 실재론을 선택할 수 없다고 봅니다. 우리가 경험하고 파악해 낸 실재는 진화하고 발전해 가는 잠정적인 내용일 수밖에 없습니다. 그래서 비판적 실재론이 대안으로 남게 됩니다.

반면에, 반실재론을 지지할 수 없는 근거는 과학자들이 파악해 낸 실재, 과학의 내용 때문입니다. 이론과 모델을 통해 예측하고 검증하는 방식이 과학의 힘이고, 이런 예측 가능성은 과학이 다른 학문과 구별되는 독특성이기도 합니다. 그런 과정을 통해 파악한 내용을, 과학자가 머릿속에서 구성한 산물일 뿐이라고 간주하기에는 너무나 강력합니다. 이런 측면을 생각하면 자연 세계를 파악하는 방식으로 반실재론이나 구성주의를 택하기는 어렵습니다.

강영안   강연 때 논의하지 않았던 부분은 과학이 지닌 역사성 문제입니다. 가령 토마스 쿤◈이 과학 발전의 역사를 설명하면서 '패러다임 시프트'라는 개념으로 설명하려 했던 것은 크게 두 가지였죠. 우선 하나는 어떤 이론이 패러다임이 되려면, 무엇보다 아주 거대한 설명력을 가질 수 있어야 한다는 것이고, 그다음은 과학 공동체가 구성되어야 한다는 것이었습니다. 어떤 이론이 지닌 잠재성이나 설명 능력뿐만 아니라, 일종의 과학 공동체 구성을 언급합니다. 이 말은 실재하는 세계를 과학을 통

쿤은 어떤 이론이 지닌 잠재성이나 설명 능력뿐만 아니라, 일종의 과학 공동체 구성을 언급합니다.

◈ 토마스 쿤 Thomas Samuel Kuhn, 1922-1996

해 탐구하지만, 어떤 이론과 연구자를 포함하고 배제할지를 결정하는 과정이 그 안에 있고, 이처럼 사람들이 모여서 하는 활동에는 일종의 권력이 개입된다는 뜻이죠.

우종학 사회적 과정이죠.

강영안 이것을 얼마나 핵심적으로 보느냐에는 의견의 차이가 있을 수 있어요. 이것을 확대해서 마치 과학계 전체가 그런 것처럼 이야기한다면, 과학 공동체를 일종의 권력 집단처럼 오해할 소지가 분명히 있죠. 그렇지만 과학이 진리를 추구하는 활동임을 수용하면서도, 실제로 과학계 안에 있는 일종의 권력 투쟁, 어떤 연구 과제에는 연구비를 배정하고, 또 다른 어떤 연구는 주도적 패러다임과 달라서 배제한다든지 하는 현상을 설명할 때, 곧 과학이 지닌 사회학적 측면을 설명할 때는 상당한 설명력을 가질 수는 있습니다.

우종학 문제는 말씀하신 부분을 얼마나 크게 볼 것인가인데요. 실험을 통해 검증하는 과정도 검증하려는 이론 자체가 실험과정에 영향을 줄 수 있으며, 그 이론이 담긴 안경으로 보는 것이기 때문에 과학사회학적 검토가 분명히 필요합니다. 어떤 이론이 옳다는 전제를 가지고 자꾸 관찰하고 데이터를 모으면 결론이 편향된 쪽으로 나올 수도 있을 텐데요. 이는 모든 학문 분야에서 일어날 수 있습니다. 당연히 과학에서도 일어나지요.

강영안 노우드 핸슨Norwood Russell Hanson이 관찰의 '이론 의존성'theory-ladenness이란 용어를 썼습니다. 일상의 지각 행위나 실험실에서의 관찰이 사실은 우리가 알고 있는 지식과 이론에 의해 진행된다는 생각이지요. 우리 말에 "개 눈에는 똥만 보인다"라는 말이 있습니다. "아는 만큼 보인다"라는 말도 통용되지요. 그냥 맨눈으로 뭘 보는 것이 아니라 어떤 개념, 어떤 이론, 어떤 기대와 열망이 경험에 미치는 영향을 인정하는 것이지요. 물론 여기에 왜곡이 개입할 수 있습니다. 과학뿐만 아니라 종교나 정치나 경제에서도 이러한 현상은 일어납니다. 특별히 과학에만 있는 현상은 아니죠. 한 집단에 깊이 들어가 있을 때, 또는 하나의 관점이나 시각에 깊이 붙잡혀 있을 때는 설사 왜곡이 있더라도 그것을 알아차릴 가능성은 거의 없습니다. 만일 의도적으로 그런 일이 일어난다면 거짓을 행하는 것이지요. 그렇지만 거짓일 줄 알면서도 왜곡을 계속 오랫동안 고집하며 견딜 수 있는 집단은 없습니다. 과학계의 경우가 더욱 그러하겠지요.

우종학 맞습니다. 가령 연구비가 사용되는 방향으로 과학 연구가 발전하고, 과학자 사회 안에서 권력을 가진 사람이 이를 통제하는 경향도 분명히 존재하지만, 그렇게 해서는 과학이 발전하기가 상당히 어려운 것도 사실입니다. 만일 실험에 의존할 수밖에 없고 과학자 공동체 안에서 연구결과가 통제될 수밖에 없다면 제대로 된 과학연구 결과가 축적될 수 없습니다. 과학이 작동하는 방식을 그렇게만 보면 과학기술 문명은 모래 위에 지어진 성이 될 수밖에 없었겠지요.

하지만 반대 입장에 서서 서로 자기가 옳다고 주장했던 과학자들 사이에 굉장히 빠른 속도로 합의가 일어나서 한 방향으로 과학적 결론이 나기도 합니다. 그렇게 효과적으로 과학적 합의가 이루어지는 모습을 보면, 경험적 증거의 강력함을 새삼 느끼게 됩니다. 말씀하신 사회적 과정의 영향을 인정하지만, 그럼에도 그런 부분을 넘어설 만큼 과학이 작동하는 방식이 강력하다는 것도 짚고 넘어가면 좋겠습니다.

패러다임 시프트도 흔히 오해하기는, A라는 과학 이론이 완전히 다른 B로 바뀌는 거로 생각하기 쉽습니다. 그러나 과학사를 보면 많은 경우, A에서 A′로 기존 패러다임을 좀 더 완성해서 실재에 더 다가가는 방식으로 패러다임이 바뀌는 거지, A를 완전히 뒤집어서 B가 되는 방식이라고 보기는 어렵다는 것이 제 생각입니다. 쿤의 패러다임 시프트는 점진적 과정으로 볼 필요가 있습니다.

강영안 쿤을 그렇게 볼 수 있느냐는 물론 해석의 문제입니다. 『과학혁명의 구조』를 낸 뒤에 나온 논문들에서 쿤은 한 이론을 포기하고 다른 이론을 선택하는 과정에서 발생하는 합리적 선택을 인정하거든요. 그러나 공약불가능성*이라는 개념은 패러다임 간의 불일치를 표시하는 말로 여전히 중요합니다.

---

* 공약불가능성(incommensurability): 공통된(com) 척도(measure)가 없다는 의미이며, 과학혁명기에 경합하는 두 패러다임을 동일한 표준으로 비교하는 것은 불가능하다고 본다. 즉, 두 패러다임의 우열을 가릴 객관적이고 독립적인 기준은 없다는 것이다. 쿤에 따르면 과학혁명은 지금까지 차곡차곡 쌓아오던 벽돌집을 갑자기 허물로 그 옆에 새로운 벽돌집을 짓는 격이다. 하지만 쿤은 극단적 불연속성(전면적 공약불가능성)은 거부하고, 과학변동에 대한 국소적 연속성을 주장한다.

우종학   천동설과 지동설도 당대에는 공약불가능한 면들이 있었겠지요. 코페르니쿠스가 새롭게 제시한 지동설이 수천 년 동안 내려온 천동설에 비해 더 나은 이론인지 비교해서 판단할 수 있을 정도의 경험적 증거가 당대에는 거의 없었으니까요. 하지만 지금은 둘 중에 어느 것이 더 나은 이론인지 변별이 가능합니다. 마찬가지로 지구가 평평한지 둥근지, 지구의 나이가 6,000년인지 46억 년인지는 과학적 데이터로 변별이 됩니다. 물론 현대 과학에도 여전히 공약불가능한 영역이 있습니다. 예를 들어 우주의 기원에 관한 설명은, 우주가 하나이고 빅뱅을 통해서 시작되었다는 입장이 있고, 반면에 다중우주(여러 개의 우주)가 있고 그중 하나가 우리 우주라는 입장이 있습니다. 이 두 이론은 말 그대로 공약불가능합니다. 왜냐하면 현재 시점에서 이 두 가지 이론을 변별할 수 있는 데이터를 얻을 수 없기 때문입니다. 과학의 영역에서는 경험적 데이터 없이 이성적·수학적 추론만으로 이것이 옳다거나 저것이 옳다고 잘라서 말할 수는 없습니다.

하나의 설명체계를 시간의 함수로 봤을 때, 전문적 증거가 불충분하고 이론적 조명이 불완전했을 때는 두 설명체계가 변별되지 않은 상태에서 공약불가능한 상태로 있을 수 있습니다. 하지만 시간이 지남에 따라 새로운 데이터가 쌓이고 과학 이론이 정교해지면서 둘의 비교가 이제 가능해집니다. 과학자들 간의 합의가 굉장히 빠르게 이루어지면서 하나는 퇴화하고 하나는 남습니다. 물론 그것이 대중에게 알려지기까지는 오랜 시간이 걸리지만, 어쨌든 과학자 사회 안에서는 A가 B보다 우주라는 실재를 더 잘 드러낸다고 인정받으면서 발전해 갑니다.

그런 면에서 패러다임 시프트라는 말은 과학을 오도하는 방식으로 사용될 소지가 좀 큽니다. 그보다는 점진적으로 실재에 다가가는, 비판적 실재론 입장에서 이해하는 게 좋습니다. 완전히 뒤집힌다는 생각은 너무 상대주의적으로 해석하고 접근하는 태도로 보입니다.

강영안 칼 포퍼*의 입장을 떠올릴 수가 있습니다. 포퍼는 과학 활동을 진리에 가까이 다가가는 과정으로 이해하였지요. 쿤은 과학 활동을 이른바 '정상과학'normal science 안에서 주어진 '퍼즐들을 풀어나가기'에 비유했지만, 포퍼는 과학을 '문제 풀이 과정'이라고 했습니다. 그러면서 어떤 문제가 설정되면, 그 문제에 대한 잠정적인 해결안을 내놓고, 그 가운데서 오류를 제거하고, 반증에 반증을 거듭하면서 발전해 간다고 봤지요. 그러니깐 과학 공동체라는 것은 결국 혼자서 하는 활동이 아니라는 거죠. 과학도 그렇고 다른 활동들도 마찬가지입니다. 교회도 경포퍼는 과학 활동을 진리에 가까이 다가가는 과정으로 이해했지요. 포퍼는 과학 활동을 '문제 풀이 과정'이라고 했습니다.

◈ 칼 포퍼 Karl Raimund Popper, 1907~1994

제도 정치도 일종의 공동체 작업입니다. 그 속에서 하는 작업이니까 배제나 포함의 과정이 개입될 수는 있지만, 그 가운데서 일종의 비판적 합리성이 작동하는 것으로 보아야 하겠지요. 이런 의미의 합리성을 마이클 폴라니는 '공동의 삶' conviviality 이라는 말로도 표현합니다. 중요한 것은 과학 공동체가 주어진 문제를 인격 없이, 사물처럼 대하는 것이 아니라 그 가운데서 씨름하고 다투고 서로 이해하고 포기하고 양보하고 수용하는 일종의 삶의 과정이라 보는 관점입니다.

　　우종학　과학뿐만 아니라 우리가 하나님의 뜻을 알아 갈 때도 개인이 기도하고 말씀을 묵상하면서 알아 갈 수도 있지만, 공동체적으로 알아 가기도 하는데 그 과정을 주목할 필요가 있습니다. 주변 사람에게 의견을 묻기도 하고, 공동체 리더나 구성원들의 의견을 들으면서 하나님의 뜻이 과연 무엇인지를 파악해 가는 점진적 과정을 거칩니다. 나는 이런 확신이 들어서 다른 분들과 이야기를 나누어 봤더니 반대하는 입장이 나올 수도 있고, 그래서 서로 의견이 갈리기도 하지요. 흥미로운 점은 우리가 뭔가 실재를 경험하는 과정이 다 이와 비슷한 방식일 수 있다는 겁니다. 혼자 하는 작업이 아니라 공동체적인 성격이 있는 거죠.

∞ 두 분 말씀에 동의합니다. 공동체의 역할이 분명 있는 것 같습니다. 그래야 실재의 본질에 다가갈 때 개인의 시각에서 비롯된 왜곡들을 제거할 수 있고, 두 분이 계속 강조해 주신 '비판적 실재론'도 제대로 기능할 것 같습니다. 그런데 이 이야기가 한국 교회로 오면 조금 달라집니다. 진리는 이미 정해져 있는 것이고, 따라서 이를 위협하는 일체의 시도는 용납할 수도 없고, 용납해서도 안 된다고 강조합니다. 가령 현대 과학은 기독교 신앙을 위협하는 요소로 거의 공인된 수준입니다. 진화론이냐, 창조론이냐는 해묵은 이분법이 아직도 기세등등한데요. 과연, 신앙은 과학 탐구나 그에 준하는 여러 이성적 접근들과의 접점을 찾을 수 없을까요? 신앙은 과학 탐구에 방해만 될 뿐일까요?

공동체의 해석과 지지, 이원론 신앙 바깥으로

강영안   제대로 된 신앙이라면 과학 탐구뿐만 아니라 모든 이론적 탐구에 방해가 되기보다는 오히려 도움이 된다고 생각해요. 물론 신앙을 어떻게 이해하느냐 하는 문제가 중요하죠.

우종학   과학이 탐구하는 대상은 창조 세계인데, 그리스도인 입장에서 보면 하나님을 믿지 않는 과학자들에 비해 하나님과 소통하고 연결된 과학자들이 훨씬 더 하나님의 창조 세계를 더 잘 파악할 수 있는 유리한 위치일 수 있습니다. 물론 이론적으로는 그렇지만, 실제로는 뛰어난 그리스도인 과학자가 별로 많지 않다는 점을 고민해 봐야 합니다.

무신론 입장을 가진 과학자들이 우주를 탐구하고 자연 세계를 탐구하겠다는 동기는 일단 호기심입니다. 물론 먹고 사는 현실적인 문제도 당연히 있겠지요. 모두의 고민처럼 말입니다. 이에 반해 그리스도인 과학자가 갖는 동기 중 하나는 하나님의 창조 세계와 그 경이로움에 대한 참여입니다. 하나님의 창조 세계를 이해하는 것 자체가 하나의 예배일 수 있기 때문이지요. 하나님을 창조주로 인정하지 않는 사람은 경험할 수 없는 다른 차원의 동기와 역동성이 있을 수 있습니다. 내가 연구하는 일

자체가 예배이기 때문입니다. 케플러 법칙으로 유명한 케플러※
는 '나는 천문학의 제사장이다'라는 말까지 남겼습니다.

그런데 문제는 이런 동기로 창조 세계를 연구해서 밝혀낸
내용을 얘기하면 엉뚱한 비난을 받기도 합니다. 가령, 우주의
나이가 138억 년이라는 상식을 얘기하면 '믿음 없는 진화론자'
라는 말을 듣기도 합니다. 교회 공동체가 그리스도인 과학자들
을 인정하고 격려하면 좋겠습니다. 과학연구는 하나님의 형상
을 지닌 인간이라면 마땅히 해야 할, 창조 세계를 보존하고 다
스리라는 창조의 목적을 수행하는 과정입니다. 과학은 하나님
과 교제하는 예배이자 하나님의 사역에 동참하는 과정이죠. 이
를 인정해 주고 격려해야 합니다.

하지만 현실에서는 오히려 방해가 될 때가 있습니다. 그 결
과, 대다수 그리스도인 과학자들이 교회 가서는 과학 이야기를
전혀 하지 않게 됩니다. 교회에 가면 자기가 어떤 과학연구를
하는지 입을 딱 닫아버리고, 반대로 실험실 와서는 교회나 신앙
관련 이야기를 전혀 하지 않는 것이죠. 이 상황에서 겪는, 뭐랄
까 정신분열증 같은 상황이 있습니다. 실제로 대학원 박사 과정
에 있거나 학교나 연구소에 있는 연구자들이 겪는 일입니다. 교
회에 가서 "우리는 하나님이 창조주이심을 믿고, 창조 세계가
하나님의 작품임을 믿으니까, 더 열심히 연구하고 실험하고 진

케플러 법칙으로 유명한 케플러는 '나는 천문학의 제사장이다'라는 말까지 남겼습니다.

❖ 요하네스 케플러 Johannes Kepler, 1571-1630

화의 과정을 알아가야 해"라는 격려를 들어야 하는데, 그런 말은커녕 무신론자나 진화론자 취급당하기 쉽습니다. 반면에 학교나 실험실에 가면 중동의 사막신을 믿는 이상한 사람 취급을 당할 수 있으니, 그리스도인 과학자들은 매우 이중적인 삶과 사고를 할 수밖에 없는지도 모릅니다.

그런 경험이 쌓이다 보면 공동체를 통한 코이노니아 경험을 하지 못하고, 신앙도 정체될 가능성이 커집니다. 어쩌면 그리스도인 과학자들이 자연스러운 선택을 하는지도 모릅니다. 교회 가서는 전혀 내 전공이나 과학 이야기를 하지 않겠다고. 아니면 아예 교회를 떠나기도 합니다. 반대로, 아예 창조과학식으로 갈 수도 있지요.

결국, 그리스도인 연구자들에게서 탁월성이 나오지 않는 이유 중 하나는 공동체의 뒷받침이 없기 때문이 아닐까 합니다. 제 생각에는 공동체의 이해와 지지가 굉장히 필요합니다. 탁월한 한 개인이 영웅처럼 나타나기를 기대하기보다는, 과학 활동이 하나님께 드리는 예배이며, 그리스도인 과학자들이 무신론자 과학자보다 더 헌신적으로 과학 연구에 임해야 한다는 격려와 지지가 한국 교회 안에 있어야 합니다. 그런 바탕 위에서 그리스도인 과학자들이 탁월성이 발현할 수 있지 않을까 합니다.

강영안 아주 중요한 지적이라고 생각하는데, 그게 사실상 과학 영역에만 한정되는 게 아니고 사회 모든 영역에 다 관련된 문제예요. 예를 들어 정치나 경제, 예술, 교육, 사실상 모든 분야의 그리스도인들이 누구보다 탁월하게 활동해야 하고, 또 할 수 있음에도 불구하고 정치가로서 그리스도인의 탁월성, 기업가로서 그리스도인의 탁월성, 교육자로서 그리스도인의 탁월성이 제대로 드러나지 않는 게 현실이죠.

원칙적으로 생각하면 하나님은 만유의 주시고 창조의 주시며, 어느 한 삶이나 어느 분야도 예외 없이 하나님께서 주권자시고 지금도 다스리고 계시며, 우리 성도들을 그 영역으로 다 함께 부르셨는데도 불구하고, 그리스도인의 탁월성이 교회 안에서만 드러나는 게 무척 아쉽죠.

교회 안에서만 그리스도인의 탁월성이 드러나고, 다른 분야에서는 그 탁월성이 드러나지 않는다는 것은, 창조 세계를 그리스도의 구속을 통하여서 온전하게 회복하고자 하는, 하나님의 구원 사역에 제대로 참여하지 못하고 있다는 방증입니다.

하나님의 구원 사역이 모든 창조계 속에서 드러나려면, 과학계나 정계, 경제계, 예술계 등 모든 분야에서 그리스도인의 탁월함이 드러나야 하는데, 여기서 중요한 문제가 우 교수님 말씀처럼 교회 공동체의 지지가 너무 약하다는 겁니다.

우종학   정확한 지적입니다.

강영안   보통은 교회 생활 열심히 하면 신앙 좋다고 합니다. 그런데 그 좋은 신앙은 정치가면 정계에서, 학자면 학계에서, 기업가면 기업 활동을 통해서 드러나야 합니다. 그럼에도 교회 공동체로부터 그런 응원과 지지와 지원은 잘 받지 못하죠. 그런 현실에서 탁월한 사람이 성장하는 걸 기대하기란 참 어렵죠.

저 같으면 기독교 철학에서 탁월함을 드러내야 하고, 우 교수님 같은 경우에는 천체물리학 연구에서 탁월함을 드러내면서 그걸 통해서 하나님께 영광을 돌릴 수 있는 건데, 공동체적으로 지지받지 못하면 위축될 수밖에 없죠. 더 큰 문제는 젊은 이들이 새로 발을 들여놓지 못하게, 그걸 아예 불가능하게 만들 수도 있습니다. 그래서 교회 공동체가 지지하고 응원하는

환경을 어떻게 만들어 갈 수 있을지가 큰 숙제죠. 모든 영역에
서 말이죠.

우종학 말씀하신 것처럼 과학 분야뿐만 아니라, 세상 전체
에 해당하는 이야기입니다. 이런 문제는 잘못된 이원론에서 비
롯한 듯합니다. 보수적 신앙을 가진 사람들은 교회 안과 밖을
나누는 태도가 아직도 매우 강합니다. 신앙이 뛰어난 형제자매
들은 교회에서 열심히 봉사한다는 거스를 수 없는 메시지와 문
화가 있지요. 그 과정에서 많은 청년이 일반 사회 영역에서 전
문성을 기르고 탁월성을 발휘하는 데 주력하기보다는 교회 일
을 하면서 지쳐 간 것도 사실입니다. 요즘은 가나안 성도가 많
아져서 그렇게 헌신하는 교인도 점점 희소해지는 상황이기는
합니다. 이처럼 이원론은 한국 교회가 풀어야 할 오래된 숙제입
니다. 더불어 한국 교회는 사람을 키우는 일에 너무 약합니다.
돈을 쏟아부어서 건물 세우는 일은 잘하지만, 사람에 투자해서
인재를 키우는, 가장 중요한 일에는 인색합니다. 이제는 다양한
분야의 전문가들이 잘 배출되도록 한국 교회가 사람을 키우는
데 더 관심을 많이 기울여야 합니다.

출산율이 낮아지고 그에 따라 청소년 인구도 급감하면서
교회 역시 점점 비어 가고 있습니다. 이런 상황에서 과학 분야

만이 아니라 다양한 분야의 삶을 재조명하고 신학적으로 이해하고 격려하는 메시지가 중요합니다. 그런데 교회에 가면 교회 이야기 밖에 듣지 못합니다. 교회 안에서 어떻게 살아야 하는지, 교회는 앞으로 어떻게 돼야 하는지, 줄곧 교회 안에만 관심이 머뭅니다. 교회당을 넘어 세상 속에서, 각자 자기 분야에서 어떻게 살아야 할지를 듣고 계속 격려받으면 좋겠습니다. 학교나 다른 어떤 곳에서도 듣지 못하는, 교회 공동체만의 지지와 응원이 필요한 게 아닐까요?

　　∞　왜 교회 공동체가 그런 종류의 지지를 잘 하지 못할까가 고민입니다. 말씀하신 대로 이원론 문제도 있고요. 가장 어려운 점은 교회 입장에 반하거나 심지어 이단시 되는 생각들을 일반 사회에서 접하고 나서 그것들을 교회로 들고 가서 풀어놓을 수 없다는 데 있습니다. 사회에서는 상식인데, 교회에서는 금기인 거죠. 교회는 원래 취했던 입장이나 가치들을 지지하는 의견들만 환영하고 편식하는 태도를 보일 때가 많습니다. 비단 교회만이 아니겠죠. 세상의 모든 조직과 단체에는 그런 경향이 있는데요. 그럼에도 불구하고 진리에 가까이 가려면 앞서 계속 언급했던, 비판적이며 공동체적인 논의가 따라야 합니다. 어떻게 하면 교회가 그 첫걸음을 뗄 수 있을까요?

질문을 환영하는 교회

<u>우종학</u> 교회가 질문을 허용해야 합니다. 그런데 소통이 되지 않는 교회가 너무 많습니다. 요즘 젊은 친구들은 꼰대 같은 이야기를 싫어합니다. 내가 묻고 싶은 내용, 그것이 성경에 대한 의심이든 신앙에 대한 회의든 간에, 그런 고민들을 담아가는 과정이 중요합니다. 믿음은 흔들리는 과정을 통해 더 굳건해집니다. 오히려 질문하지 않고 덮어 두고 믿었던 사람들이 나중에 질문하기 시작하면 더 큰 위험을 겪을 수 있습니다. 교회는 질문을 통해서 성장해야 합니다. 질문을 불신앙의 도전으로 여길 게 아니라, 공동체가 품고 도와주어야 할 마땅한 책임으로 여겨야 합니다. 그런데 돌아보세요. 청년이나 대학생들이 교회 생활하면서 질문할 수 있는 시간이 과연 있습니까? 설교를 듣고서 동의하지 않거나, 궁금하거나, 좀 이상하다고 판단되는 내용에 관해 자기 의견을 표출하거나, 질문할 수 있는 시간이 아예 없습니다.

<u>강영안</u> 이게 모두 연관된 겁니다. 과학 탐구든, 정치 영역에서 평화와 정의를 추구하든, 경제 영역에서 인간이 번영을 추구하든 간에, 그 밑바탕에는 공통적인 지적 탐구가 있습니다.

지적 탐구의 기본은 질문이고, 우리는 질문을 통해서 생각할 수밖에 없습니다. 질문 없이 생각할 수 없고, 생각하지 않고서는 지식을 탐구할 수 없죠.

교회는 질문을 통해서 성장해야 합니다. 질문을 불신앙의 도전으로 여길 게 아니라, 공동체가 품고 도와주어야 할 마땅한 책임으로 여겨야 합니다.

　그런데 질문을 가능하게 하려면 '어떤 것이든지 당연한 게 아니다, 다를 수 있다, 이런 게 아니라 저럴 수도 있다'라는 다른 대안과 가능성에 대한 모색이 필요하고, 그것 없이 질문은 불가능합니다. 이를 위해서는 질문하고 따져보는 지적 훈련과 분위기가 충분히 제공되고 조성되어야 합니다. 그런데 교회에서는 "뭘 자꾸 따지려고 하냐, 믿어야지. 따지지 말고 그냥 믿으세요. 아멘 하세요"라는 분위기입니다.

　우종학　조목조목 따져보는 것이 중요한데, 그러면 왜 싸우려고 하느냐며 말립니다.

　강영안　이런 분위기에서는 과학 영역뿐만 아니라 정치나 경제나 문화 영역에서 일할 사람을 키워 낼 수가 없어요. 그런데 예수님을 보세요. 제가 가끔 이야기하는데, 예수님도 질문하시는 분이십니다. 신약성경을 보면 마태복음 1장에서 사도행전 1장까지 예수님이 직접 질문을 하신 경우가 305회 정도 됩니다. 예수님도 쉽게 답을 주시는 분이 아니라 질문하십니다. 예수님이 질문하시는 분이라면, 우리도 따라서 질문할 줄 알아야 하고, 질문하는 법을 배워야 합니다. 그것을 젊은이들에게도 가르쳐야 합니다.

우종학 맞습니다. 지금 한국 교회는 지적 결핍을 겪기에 딱 좋은 환경입니다. 어릴 때부터 교회를 계속 다니면 주일학교에서 창조과학이나 반과학적 이야기를 듣고 자랍니다. 더군다나 그런 이야기를 상당히 비민주적인 상황에서 듣습니다. 질문하는 친구들은 점점 교회를 떠나고, 남아있는 친구들은 점점 지적 결핍을 겪을 가능성이 큽니다. 이런 환경에서 탁월한 학자가 나올 수 있을까요. 만에 하나 나오더라도 자기 분야 하나는 깊이 파지만, 조금만 다른 분야로 넘어가면 이치에 닿지 않는 말을 쏟아 내는 기술자들이 나올 수밖에 없습니다. 제가 보는 오늘날 한국 교회의 현실이 그렇습니다.

강영안 다시 성경을 보면, 우리가 믿는 하나님은 그런 분이 아닙니다. 하나님도 우리한테 물으시고, 우리도 하나님한테 질문합니다. 특히 시편 같은 곳을 보면 성도가 가진 특권 중 하나가 하나님께 대드는 거예요. 하나님께 불만을 표시하고 하나님과 논변합니다. 하나님도 우리에게 논변하자고 초청하시고, 우리에게도 하나님과 논변할 수 있는 특권이 있습니다. 아브라함과 하나님의 묻고 답하기를 보십시오. 욥기에서 하나님께서 욥에게 던지는 질문을 보십시오. 그런데도 교회 안에서 질문이나 토론, 문제 제기를 무시한다는 것은, 신앙을 맹목적 복종으로 잘못 이해하고 있는 것이지요. 맹목적 복종에는 인격적 주고받음이 결여되어 있습니다.

우종학   하나님의 형상에 대한 재정의가 필요하겠네요. 하나님께 질문할 수 있도록 창조하셨다고요.

강영안   지적 탐구를 통해, 질문하는 걸 통해서 하나님의 형상을 드러내고, 하나님을 닮아가는 거예요. 하나님은 감감무소식의 하나님이 아닙니다. 하나님은 우리에게 답을 주시기도 하지만, 대개는 우리한테 물으시는 분입니다. 창세기의 "아담아, 네가 어디 있느냐?"로 시작해서 요한복음에 나오는 예수님의 첫 마디 "네가 무엇을 구하느냐?"에 이르기까지 계속 질문하십니다. 요한복음에는 예수님의 질문이 49회 나옵니다. 겹치는

질문도 있지만, "네가 무엇을 찾느냐, 네가 무엇을 구하느냐" 같
은 아주 중요한 질문을 계속 하십니다. 그 같은 질문을 오늘날
우리에게 하시면 어떤 답을 할 수 있을까요. 흥미로운 것은 예
수님이 "네가 무엇을 구하느냐?"라고 물으셨을 때 요한의 두 제
자가 곧장 답을 하지 않고, "어디에 묵고 계십니까?"라고 되묻
습니다. 이처럼 우리도 되물을 수 있습니다. 제가 쓴『믿는다는
것』에서 첫 번째 다룬 것이 '질문하는 신앙'입니다. 이어서 '응
답하는 믿음', '실천하는 믿음'이 따릅니다.

∞   그렇다면 한국 교회가 현재 시급히 응답해야 할 질문
에는 어떤 것이 있을까요? 아직도 창조과학이 제기하는 여러
문제에서 벗어나지 못한 채 한 자리에서 맴도는 형국입니다. 딱
히 그 문제들이 풀리는 것 같지도 않고, 그 와중에 답을 얻지 못
하는 그리스도인은 교회를 등지고 있는데요.

과학적 무신론이라는 사각지대

우종학   지적 탐구에 관심이 있는 사람들의 출발점이 '지구
6,000년설' 같은 것은 아닙니다. 우리가 이제 그런 것들을 고민
할 필요는 없겠습니다. 물론 그런 고민을 하는 사람들을 대상으

로 설명하고 교육할 필요는 있지만, 창조과학을 논의의 출발점으로 삼는 건 너무나 역사를 뒤로 돌리는 일입니다. 오히려 현재 대학생들이나 청년들이 도전적으로 느낄 만한 내용은 과학주의 무신론입니다. 심지어 과학을 도덕의 토대로 만들려는 시도도 있습니다. 더 들어가면 과학 이외의 영역을 인정하지 않는 과학 우월주의나 과학적 결정론도 눈에 띕니다. 과학을 무신론적 시각으로 재해석한 다음에 그에 기초해 인류 역사를 꿰뚫으려는 시도들도 많습니다. 유발 하라리◆의 『사피엔스』나 『호모 데우스』 같은 도전들이 강력한 지적 도전일 수 있지요.

　　한국 교회가 이런 무신론적 관점이 제기하는 지적 도전들에 대응하여 어떤 대답을 내놓고 있는지 돌아봐야 합니다. 기껏 창조과학을 주장하는 것 말고요. 무신론의 도전 앞에서 어떻게 신앙을 지켜 내고 진리를 담보해야 할지, 성경을 통해 우리에게 말씀하시는 내용이 무엇이고 우리가 어떻게 그 내용을 알아 가고 이해해야 할지를 고민하는 청년들에게 한국 교회는 지금 도대체 어떤 답변들을 주고 있습니까? 무신론의 도전에 맞서서 신앙을 지키기 위한 지적 작업을 누가 하고 있으며, 한국 교회는 어떻게 돕고 있습니까? 무신론의 도전 앞에서 무수하게 전사하고 있는 상황으로 보입니다. 강연 후에 나왔던 질문도 대부분 이 맥락에서 나온 것들이라고 생각합니다. 기독교가 무신론

과학을 무신론적 시각으로 재해석해
서 그에 기초해 인류 역사를 꿰뚫으려
는 시도도 많습니다. 유발 하라리의 저
작들이 강력한 지적 도전일 수 있지요.

◈ 유발 하라리 Yuval Noah Harari, 1976-

적 도전들과 변별되는, 그리고 그런 도전들에 답할 수 있는 콘
텐츠와 논리가 있는지가 궁금한 겁니다. 젊은 친구들은.

∞ 젊은 친구들에게 가장 위험하면서도 매력적으로 들
리는 내용은 무엇일까요?

우종학 과학적 무신론자들은 역사적 사건들까지 취사 선
택해서 자신들의 논리에 맞게 재구성하는 방식을 취합니다. 당
연히 논리적 비약도 포함됩니다. 과학을 가지고 도덕적 기준을
만들 수 있을까요? 불가능하거든요. 그런데 지적 사고를 하는
의식 있는 생물체들의 행보를 도덕으로 파악합니다. 도덕에 대
한 선험적 개념 없이도 과학을 통해서 도덕이라는 개념을 정량
화하고 정확하게 제시해서 도덕적 사회를 만들 수 있다는 메시
지를 던집니다. 이런 접근들이 윤리학을 연구하는 철학자들이

보기에는 논리적 비약도 많고 조잡한 면도 있겠지만, 일반 사람들에게는 과학으로 포장되어 매력적으로 다가갈 수 있죠. 그런 이야기들을 읽고 무장한 친구들 앞에서 그리스도인들이 어떤 이야기를 꺼내 놓을 수 있을까요?

특히 그리스도인 청년들이 무신론자들의 책을 읽으면 교회에서 배운 내용이 무너지면서 '도덕이 하나님이 우리에게 주신 선험적인 기준이 아닌 건가. 이게 모두 인류의 역사를 거치면서 만들어진 것이고, 신 없이도 도덕적 사회가 얼마든지 가능하겠구나'라는 생각을 할 수도 있습니다. 이런 상황에서 한국 교회는 어떤 지적 작업을 하고 있는지 돌아봐야 합니다. 무신론의 도전에 흔들리는 청년들을 누가 돕고 있을까요? 제 눈에는 잘 보이지 않습니다.

강영안 진화론 관점에서 도덕을 보면 생존을 위한 인간의 공동 전략 정도로 이야기할 텐데, 전통적인 도덕 철학은 하나님께서 인간에게 주신 자연법을 강조합니다. 하나님이 자연에 자연법칙을 주셔서 자연을 운영하시는 것처럼 인간에게는 그 정신에 통용되는 자연법을 주셨습니다. 그 결과, 우리가 선악을 구별하고 타인을 존중하고 공동의 삶을 누릴 수 있는 거죠. 도덕을 인간이 생존을 위해 만들어 낸 일종의 전략이 아니라, 하나님께서 인간의 영혼에 심어 주신 거라고 봅니다. 이것이 자연법 전통입니다. 이와 관련된 또 하나가 하나님께서 우리에게 하나님의 사랑으로 이웃을 사랑하도록, 사랑의 명령을 주셨다고 봅니다. 이것을 '하나님의 명령의 윤리'divine command ethics 라고 부르지요.

인간이 왜 도덕적이어야 하는지를 설명하기에는 무신론적 진화론보다는 하나님께서 우리의 마음에 자연법을 새겨 주셨다고 보는 것이나 명령으로 주셨다는 윤리학이 오히려 더 유력한데, 문제는 무신론적 진화론에 이미 설득을 당했다면 '자연법'이나 '하나님의 명령'을 받아들이기가 어려울 수 있다는 데 있죠. 하지만 한 걸음 더 나아가 어느 것이 정말 우리 삶을 의미 있게 만들고 행복을 가져다주는지를 따져 본다면 또 다른 생각을 해 볼 여지는 있겠죠.

우종학 그런데 그게 쉽지는 않습니다. 역사적 사실들을 과학으로 포장해 제시하는 서사들이 굉장히 강력합니다.

강영안 그런 입장들에 이렇게 물어볼 수 있어요. "너를 지금 내가 죽여서 안 될 이유를 이야기해 봐라."

우종학   그럴 수 있는데요, 제가 보기에는 과학적 무신론 쪽의 강력한 흐름에 대응해, 일반인이 충분히 이해할 수 있는 방식으로 반론할 수 있는 내용들이 나와야 합니다. 기독교 유신론 입장에서 현대 과학의 흐름에 맞추어, 하나님과 인간의 관계나 인간이 어떻게 살아야 하는지에 관한 기준을 설득력 있게 제시하는 작업이 필요합니다. 대중적 차원에서 보면 지금은 너무 힘겨운 싸움이에요.

강영안   철학자들 가운데는 몇몇이 있어요. 대중이 읽기에는 다소 어려운 게 문제지만, 테렌스 쿠니오Terence Cuneo 와 존 헤어John E. Hare 같은 탁월한 윤리학자들이 있죠. 그들의 유신론적 윤리학은 이런 논의에 큰 도움이 될 수 있습니다. 그런 작업이 국내 기독교 윤리학자들 가운데서도 나올 필요가 있습니다. 대중적 차원의 논의들을 담아서 말이죠.

존 헤어 같은 경우는 그렇게 어려운 논리는 아닌데, '모럴 갭'moral gap 이론입니다. 그는 두 가지 문제를 다룹니다. 하나는 도덕 명령으로, '우리가 왜 도덕적이어야 하는가?' 하는 문제가 있습니다. 다른 하나는 '어떻게 도덕적일 수 있는가?' 하는 문제입니다. 그는 도덕적 의무와 도덕적 능력 사이에 있는 격차gap 에 주목합니다.

'왜 도덕적이어야 하는가?'의 열쇠가 하나님의 명령에 있다면, 실행 능력과 실제 실행 또한 하나님께서 주시는 것으로 이해할 수 있습니다. 기독교의 창조, 타락, 구속 관점에서 보면, 하나님께서 도덕 명령을 수행할 수 있는 능력을 같이 주셨지만, 불순종으로 인해 그 능력이 크게 저하된 것입니다. 성령 안에서의 예수 그리스도의 구속은 우리의 그 능력을 다시 상승시켜 하나님의 명령을 지킬 수 있게 한다고 헤어는 봅니다.

그런데, 존 헤어가 보기에 진화론 가운데도 무신론적 진화론은 도덕적 명령의 요구 자체가 아주 낮습니다. 그리고 인간의 도덕적 능력 또한 매우 낮게 처음부터 설정합니다. 둘 다 비슷하게 낮은 상황에서 정말 인간이 도덕적으로 상호 존중하고, 상호 공동체성을 형성할 수 있는가 하는 의문을 제시하죠. 진화론 관점에서 보면, 생존 투쟁은 강자의 논리이며 강자의 정의가 주도한다고 볼 수밖에 없는데, 그 상황에서 어떻게 약자를 보호하고 정의를 지지하고, 어떻게 평화를 가져올 수 있는지, 그에 대한 마땅한 답변이 없습니다.

∞ 지금까지 과학적 무신론에 초점을 맞춰서 논의했는데요. 한국 교회가 유의해서 대응해야 할 또 다른 흐름은 없을까요?

소비주의에 함몰된 한국 교회와 출구 전략

<u>강영안</u> 다원주의와 배타주의와 관련된 문제입니다. 강연 후에 한 학생이 "기독교를 유일한 진리하고 믿는 근거가 무엇입니까"라고 질문했는데, 그 역시 같은 맥락입니다. 기독교에 대한 도전은 크게 둘로 나눌 수 있습니다. 하나는 무신론인데, 앞서 이야기한 과학적 무신론도 있고, 그와는 다른 종류인 포스트모던적 무신론도 있습니다. 과학적 무신론은 기독교 신앙을 증명할 수 있는 경험적 증거 empirical evidence 가 없다는 입장에서 출발한 무신론입니다. 하나님 존재에 대한 증거가 없다는 거죠. 흄이나 러셀, 최근의 '새로운 무신론자들'이 여기에 속합니다.

다른 하나를 나는 '혐의론적' 무신론이라고 부르는데, 마르크스와 프로이트와 니체를 통해 형성된 무신론입니다. 이들은 기독교 신앙을 일종의 '투사' 행위로 봅니다. 현실을 왜곡해 보거나 착각하고 있다고 보는 것이지요. 그런데 이런 착각에는 가진 자, 기득권자의 모종의 혐의가 깔려 있다고 진단하는 점에서 앞에서 말한 '증거론적' 무신론과 구별해서 '혐의론적' 무신론이라 부를 수 있습니다.

무신론에 이은 두 번째 도전은 다원주의적인 문화 상황에서 옵니다. 오늘 우리가 부정할 수 없는 사실은 삶의 많은 분야에서 다원주의적인 삶의 방식을 경험한다는 것입니다. 당장 종교만 하더라도 하나만 있는 것이 아니라 여럿 있습니다. 윤리와 관련해서도 마찬가지로 다양한 세계관이 함께 작동하고 있습니다. 따라서 다원적 상황에서 그리스도인이 어떻게 살아야 하는가 하는 물음에 직면하고 있습니다. 쉬운 것은 배타주의적 관점을 주장하고 그에 따라 행동하는 것입니다. 우리가 믿고 우리가 따르는 규칙만이 참이라 주장하고 타인들도 그것을 따르라고 내세울 수는 있습니다. 그러나 그렇게 해서는 공존하기는커녕 싸움을 걸어야 하고 긴장과 갈등 상황 속에서 살아야 합니다. 속으로는 오직 예수 그리스도를 통해서만 구원이 가능하다고 믿더라도 그렇게 전하고 그것이 진실임을 보여주려면 무엇보다 타자를 수용할 줄 알고, 그들에게 관심을 갖고 귀를 기울일 줄 알아야 합니다.

　　길게 이야기할 수 없어 짧게 줄여서 이야기하자면, 저는 이런 상황에서 그리스도인이 할 수 있는 최선은 생각이 다른 사람들을 존중하고 그들과 진정성 있게 대화하면서 삶을 나누는 것이라고 생각합니다. 이슬람과 동성애 문제도 그렇습니다. 이슬람을 우리 땅에는 발도 붙이지 못하겠다는 생각이 분명히 우리에게 있습니다. 그런데 이것이 옳은 것일까요? 이미 우리 시민 가운데 이슬람 신자가 있고 그들의 모스크도 존재합니다. 우리가 교회의 존재를 인정받기 원하는 것처럼 그들의 신앙도 인정하고, 그들 자신의 양심에 따른 신앙생활을 존중해야 합니다. 여러 종교가 있는 상황에서 기독교 신앙이 옳고 좋은 것이라고 전하려면, 말로, 이론으로, 그리고 무엇보다 진정한 삶으로 그것을 보여주어야 합니다.

세 번째 도전이 있습니다. 잘 이슈화되지는 않지만 사실상 오늘날 한국 교회가 가장 깊이 빠져 있는 늪이라 생각합니다. 그것은 다름 아니라 소비주의입니다. 무신론이나 다원주의, 그리고 그와 상관된 배타주의는 교회가 의식적으로 배격할 수 있다고 생각할 수 있습니다. 하지만 소비주의는 오늘날 교회가 그 속으로 사실상 깊숙하게 들어가 있어서 이미 항복한 상태입니다.

제가 생각하기에 소비주의의 핵심은 모든 활동의 목적이 인간의 필요와 욕구 충족에 있다고 보는 것입니다. 이것이 기업에서는 '고객 중심'으로 드러납니다. 고객의 욕구와 필요를 충족시키는 방식으로 물건을 생산하고 유통해야 이윤이 창출된다고 보기 때문입니다. 교회에서는 교인들이 요구하는 것, 교인들이 욕구하는 필요를 충족해 주는 방식으로 예배와 교육, 양육이 진행된다면 이것 역시 소비주의를 따르고 있는 것이라 말할 수 있습니다. 누구도 부인할 수 없는 사실은 지난 50년 또는 60년간 교회는 줄곧 기복신앙을 강조해 왔습니다. 누구나 건강

을 원하고 물질을 원하고 세상   하지만 소비주의는 오늘날
속에서 성공을 원합니다. 신앙   교회가 그 속으로 사실상 깊
이 그런 수단이 될 수 있는 것   숙하게 들어가 있어서 이미
으로 많은 지도자들이 가르쳐   항복한 상태입니다.
왔습니다. 이렇게 가르치지 않

으면 오히려 성경적이지 않은 것처럼 착각하는 현실이 빚어졌
습니다. 대부분 의식하지 못하지만 이런 방식으로 많은 교회와
교인들이 소비주의에 젖어버렸습니다. 하나님의 말씀과 은혜
도 이런 방식으로 욕구와 필요를 충족시키는 방식으로 끊임없
이 소비되고 있다고 해도 지나치지 않을 겁니다. 이러한 도전
에 맞서 오늘날 교회가 무엇을 할 수 있을지를 깊이 고민해야
합니다.

∞   결국, 교회에서 질문은 사라지고 소비만 남았다는 생
각이 듭니다. 질문이 사라지자 답을 못 얻은 사람들도 같이 사
라지고, 그 답을 찾으려는 고민도 같이 사라져서 진리추구의 공
백 상태가 되었습니다. 그 공백과 허기를 소비주의가 약속하는
유사 구원과 거룩함이 채웠습니다. 지금이라도 질문과 탐구를
다시 불러와서 그 자리를 대신 차지한 거짓 약속들을 밀어내야
할 텐데요. 가장 큰 숙제는 질문과 탐구, 그에 목마른 사람들을

다시 불러오려면 그 질문에 답할 수 있는 콘텐츠를 교회가 준비
해야 한다는 것입니다. 현재 한국 교회에 그 알맹이를 채울 사
람이 잘 보이지 않는다는 게 뼈아픈데요.

우종학 한국 교회가 사람을 키워야 한다는 얘기도 앞서
했지만, 사람을 키우는 일이 몇 사람에게 장학금을 줘서 되는
일은 아닙니다. 인재들이 성장할 수 있는 환경도 만들어야 하
고, 함께 할 공동체도 만들어야 합니다. 가령 제가 여유 있는 교
회의 목회자라면, 윤리학자 열 명에게 2년짜리 프로젝트를 맡
겨 보고 싶습니다. 1년간은 현재 광범위하게 영향을 미치고 있
는 과학적 무신론을 기독교 윤리 관점에서 분석하고, 1년간은
글을 쓰라고 하고 싶어요. 그렇게 해서 대중적인 글이 연속해서
나오면 교회에 얼마나 큰 도움이 되겠습니까.

강영안 좋은 제안입니다. 현재 한국 교회는 게토화되고 있
습니다. 아니 사실은 완전히 게토화된 상황입니다. 일반 사회의
흐름, 정치나 경제, 과학, 문화와는 분리된 상태에서 교회 자체
로만 운용되는 상황입니다. 이 상황에서 일반 사회 속으로 들어
가 제 역할을 하려면 각 분야를 제대로 연구한 그리스도인 전
문가들이 있어야 합니다. 지금까지 기독교학문연구회나 기독

교 철학회 같은 곳들에서 기초적인 작업을 했지만, 연구 주제나 연구 역량에 제한이 많았습니다. 또한, 이런 활동들이 운동으로 이어지려면 연구 집단들이 외부와 소통하면서 결국에는 담론을 형성할 수 있어야 하는데 각각 너무 고립되어 있습니다.

우종학　각개 전투는 어렵습니다. 제가 보기에 무신론적 도전에 대한 응답이야말로 21세기 신교의 중요한 초점일 수 있습니다. 과거에는 다른 문화권으로 찾아 들어가서 복음을 전했다면, 지금은 전 세계가 인터넷으로 연결된 시대이고 전반적으로 무신론적 경향이 강하기 때문에 굳이 어디를 따로 가지 않더라도 지금 여기에서 선교적 삶을 살 수 있습니다. 이렇게 선교의 개념을 확장할 수 있다면 지적 탐구를 통해 나오는 콘텐츠들이 선교적으로 중요한 역할을 할 수 있습니다. 그런 작업을 집단적으로 함께 해야 합니다.

그래서 제가 같이 하고 있는 '과학과 신학의 대화'(이하 과신대)에서도 연구소를 세우고 싶다는 이야기를 합니다. 10년 뒤쯤이면 가능하지 않을까요. 한 학기에 세 명 정도씩 꾸준히 뽑아서 2년간 연구비를 지원하는 겁니다. 과학, 신학, 사회학, 역사학 등 각 분야 연구원 열두 명이 모여서 같은 연구소에서 대화하고 연구하고 함께 식사도 하고, 한 달에 한 번 한 명씩 돌아가면서 발표하고, 1년에 한 차례 그 결과들을 모아서 학회를 열면 됩니다. 2년이 지나고 세 명이 나가면 다시 세 명을 뽑아서 열두 명이 모여서 연구하는 집단을 지속하게 됩니다. 이런 사람들이 계속 배출되면 연구 집단의 네트워크가 생기고 인프라가 형성될 겁니다. 미국이나 유럽에도 이런 센터들이 있습니다.

강영안 그 정도 하려면 기독교 학술원 정도가 있으면 좋겠습니다. 과학이나 문화에 대해서, 사회의 변화에 대해서 그리스도인들이 주눅 들지 않고 당당하게, 그리스도인으로서 목소리를 낼 수 있어야 합니다. 그 목소리가 익히 들어 왔던 전통적인 목소리여서는 곤란하겠죠. 전통적으로 우리가 성경을 읽고 이해하는 방식으로는 이미 대화조차 되지 않고, 서로를 이해할 수 없는 상황입니다. 지적 전환이, 아주 커다란 지적 전환이 필요한 시기입니다.

∞ 조금 더 구체적으로 들어가 볼까요? 교회 안에서 지적 탐구가 가능해지려면 어떤 장애물을 먼저 제거해야 할까요? 미약하지만 그렇게라도 시작해야 아주 커다란 지적 전환까지 가능할 것 같은데요?

창조과학 프레임 밖으로

강영안　창조 이야기를 어떤 성경적 관점으로 이해하는 게 온당한지부터 따져 봐야 합니다. 교회에서 전통적으로 이야기하는 방식으로는 과학이 온전하게 활동할 수 있는 자리를 내줄 수가 없습니다. 창조과학은 반과학에 가깝고, 만일 과학이라는 이름을 붙이더라도 사실상 '교회 안에서 하는 과학'에 불과합니다. 대학이나 연구소에서 하는 과학 활동은 아니거든요.

이를 벗어나는 길은 두 가지가 있겠는데, 하나는 창조과학의 창조냐 진화냐 하는 논의를 중단하는 방식입니다. 이처럼 답변을 아예 유보하는 길이 하나 있고, 두 번째는 창조과학을 벗어나서 오랜 지구론이나 진화창조론을 이야기하는 길입니다. 논의를 중단하는 것은 쉽지 않아 보입니다. 그에 관한 관심이 지대하기 때문에 멈출 수가 없겠죠. 남은 방법은 우 교수님의 과신대나 다른 여러 모임에서 과학 연구가 현재 어디까지 와 있는지, 창세기 1-3장의 연구가 어디까지 와 있는지를 차라리 드러내 놓고 이야기할 단계가 아닌가 싶습니다. 특히 구약학자들은 현재 구약학 연구가 일정한 단계까지 와 있는데도 사실은 모두 함구하고 있거든요.

우종학   강 교수님 말씀처럼 일단은 창조냐 진화냐 하는 문제를 무시하는 방법이 있겠지요. 이 주제가 너무 뜨겁고 그래서 자꾸 분열되니까 일단 덮어두자는 것입니다. 두 번째는 창조과학을 고수하는 방식이 있습니다. 같은 선상의 반대편에는 창조과학을 벗어나서 과학을 수용하자는 입장도 있겠습니다. 개인 차원에서는 자신의 신앙 색깔이나 배경에 따라 어떤 견해든 선택할 수 있습니다. 하지만 교회나 교단 차원에서 한 입장을 정해 놓고 강요하는 것은 건강하지 않을 수 있지요. 그래서 제가 보기에 바람직한 세 번째 방식은 창조 신학을 풍성하게 하는 방식입니다. 다양한 논의를 들여다보는 것이지요. 두 번째가 '창조과학 아니면 진화적 창조' 이런 식으로 딱 선택하도록 고착된 방식이라면, 세 번째 방식은 좀 더 열린 마음으로 다양한 시각을 수용하는 방식이지요.

현대 과학과 신학이 새롭게 발견한 사실이 많습니다. 300년 전에는 아무도 고민하지 않던 문제들이 심각한 주제로 떠올랐습니다. 수천 년 전에는 아무도 모르던 새로운 사실들이 이제는 상식이 되기도 했습니다. 현대 과학과 신학의 새로운 결과들을 바탕으로 신학자와 과학자를 비롯한 여러 전문가가 서로의 의견들을 풍성하게 나누는 장이 이제는 마련되어야 합니다. 그런 과정을 통해서 창조 신학을 더 풍성하게 하는 방식으로 지금의 문제들을 극복해야 합니다. 그렇지 않고 "네 입장은 틀렸고 이 입장이 맞다. 이걸 받아들여라"라고 밀어붙이는 폭력적 방식은 안 될 듯합니다.

　사실, 우리가 잘 보지 못하는 면이 있습니다. 창조진화 논쟁을 대하는 교인들의 태도가 굉장히 방어적이라는 것입니다. 진화론 앞에서 창조를 지키기 위해 논쟁하는 방어적 방식에 몰두할 것이 아니라, 거꾸로 과학을 통해 창조 세계를 들여다보면서 하나님의 창조 사역에 더 큰 은혜를 받고 하나님의 지혜를 더 깊이 깨닫는 능동적 차원에 더 집중해야 합니다. 그걸 놓치지 말아야 합니다. 과학을 통해 조명되는 창조 세계의 놀라운 면들을 새롭게 배우면서 신앙에 큰 동력을 얻거나 새로운 동기를 얻을 수 있는데도 과학을 무신론자에게 죄다 빼앗겨 버려서 과학은 무신론자들만 사용하는 무기가 돼 버렸습니다.

　조금 더 구체적으로 들어가자면, 당장 주일 학교 아이들의 성경 공부 교재에 과학과 관련한 내용을 어떻게 넣을지, 기독교 대안학교들은 무엇을 어떻게 가르칠지 고민해야 합니다. 지금

창조 신학을 더 풍성하게 하는 방식으로 지금의 문제들을 극복해야 합니다. 그렇지 않고 "네 입장은 틀렸고 이 입장이 맞다. 이걸 받아들여라"라고 밀어붙이는 폭력적 방식은 안 될 듯합니다.

은 거의 다 첫 번째 방식을 택하고 있습니다. 옛날에는 창조과
학을 가르쳤다면, 요즘은 창조과학에 문제가 있다는 걸 아니까,
아예 창조를 두루뭉술하게 다룹니다. 그래서는 안 됩니다. 최근
의 과학과 신학을 반영한 다양한 담론을 갖고 와서, 과학으로
조명된 창조 세계를 통해 신앙이 자라게끔 해야 합니다.

　　강영안　서양 역사를 보면, 1687년에 뉴턴의 『프린키피아』
Philosophiae Naturalis Principia Mathematica, 자연철학의 수학적 원리가 나오면서 천
동설은 자취를 감추고 완전히 지동설로 전환됩니다. 신학계에서
도 1687년 이후에는 사실상 천동설을 주장하는 사람이 사라집
니다. 뉴턴의 작업이 일반화되기 전까지만 해도 교회와 신학계는
거의 천동설이 지배하였습니다. 코페르니쿠스의 『천체회전론』이
1543년에 나왔습니다. 이 책 출판을 주선하고 임종 직전의 코페
르니쿠스에게 들고 간 사람이 루터파 목사인 오지안더Osiander였
습니다. 그런데 가톨릭 신자들은 말할 것 없고 루터나 칼뱅, 그
리고 대부분 개신교 신학자와 성도들은 천동설을 계속 지지하
고 있었습니다. 천동설이 포기되고 지동설이 자리잡기까지는,
만일 뉴턴의 책을 기준으로 삼자면 144년이 걸렸습니다. 1700
년 이후로는 더이상 천동설을 지지하는 사람은 찾아보기 힘들
었습니다.

　　그런데 특이한 현상이 하나 일어나는데, 그게 경건주의 운동입니다. 경건주의 운동이 일어나면서 개인 신앙이나 구제나 선교 쪽은 지원하고 격려하지만, 그리스도인의 과학연구 같은 지적 영역에서의 활동은 활발하게 이루어지지 않게 됩니다. 물론 경건주의 운동에 근거한 독일의 대학도 있었지만, 전반적으로는 기독교가 지적 영역에서 후퇴하는 결과를 낳습니다. 새로 전환된 과학적 세계관의 입장에 서서 과학 탐구를 좀 더 적극적으로 교회가 부추기기보다는 개인 경건으로 후퇴하는 쪽을 택합니다. 이것이 계몽주의 문화의 발생과 맞물려 돌아갑니다. 오랫동안 교회가 가지고 있던 일반적 신앙은 유지됐지만, 학교나 문화를 통해 형성된 전혀 다른 사고방식에 대한 적극적인 대응이 결여돼 있었던 겁니다. 이렇게 과학이나 정치, 경제 같은 공적 영역에서의 영향력을 상실한 기독교가 19세기 후반 우리나라에 들어오게 됩니다. 그 이후로 자연스럽게 우리나라에도 개인주의적이고 경건주의적인 형태로 진화한 신앙이 형성되었고요.

　　그리고 우리나라 창조과학은 1980년대에 창조과학회가 형성되면서 시작되는데, 이를 한국에 퍼트리는 역할은 전적으로 미국 복음주의권의 영향을 받은 분들이 하였습니다. 이제는 이 모두로부터 자유로워질 때가 되었으니, 소극적 방어나 수세적으로 과학을 대하는 것에서 벗어나 오히려 그리스도인들이 무신론적 진화론자보다 훨씬 더 열심히, 더 적극적으로 하나님의 창조 세계를 탐구할 필요가 있다고 하겠습니다.

심지어 기독교 전통도 이러한 접근을 지지합니다. 기독교 전통에는 크게 두 가지 태도가 있습니다. 테르툴리아누스(터툴리안)는 이미 우리가 참된 지식을 소유했기 때문에 그 어떤 지적 탐구도 필요 없다고 했는데, 이를 지지하고 따른 이들은 지극히 소수였습니다. 대다수는 알렉산드리아의 클레멘트의 입장을 따랐습니다. 클레멘트는 "모든 진리는 하나님의 진리"라고 했습니다. 그런 태도로 그리스도인들은 과학이나 철학, 역사 등과 관련한 지적 추구를 해왔습니다. 이것이 기독교의 오랜 전통입니다. 칼뱅◈도 이 전통을 이어받았습니다. 이교도들이 발견한 것도 만일 참이라면 그것은 하나님에게서 나온 진리라는 확신을 칼뱅도 표현하였습니다. 심지어 거짓말쟁이가 참말을 한다면 그것도 참이라고 칼뱅은 보았습니다. 디도서 주석에서 칼뱅은 "모든 진리는 하나님께서 나온다"Omnis veritas ex Deo sit 라고 말했습니다. 이렇게 말할 수 있었던 것은 불신자를 포함하여 모든 사람에게, 누구에게나 공통으로 하나님께서 주신 자비, 하나님의 은혜가 작동하기 때문에 아름다운 것, 고상한 것, 참된 것을 인간이 발견하고 만들어 낼 수 있다고 칼뱅이 보았기 때문입니다. 이것이 나중에 카이퍼Abraham Kuyper, 1837-1920 와 바빙크

> 이교도들이 발견한 것도 참이라면 하
> 나님에게서 나온 진리이며, 심지어 거
> 짓말쟁이가 참말을 한다면 그것도 참
> 이라고 칼뱅은 보았습니다.
>
> ❖ 장 칼뱅 Jean Calvin, 1509-1564

Herman Bavinck, 1854-1921 가 발전시킨 '공통은혜'common grace, 흔히 말하는 일반은총, 일반은혜 교리입니다. 공통은혜는 신자와 불신자가 다 같이 학문이나 예술, 정치에 참여할 수 있는 공통의 기반이 됩니다.

그런데 그리스도인들이 학문 영역이나 다른 문화 영역에 참여해야 할 이유는 공통은혜에서 오기보다는 오히려 그리스도의 주권, 그리스도의 왕권에서 온다고 해야 할 것입니다. 카이퍼는 이것을 "왕을 위하여"Pro Rege라고 표현하였습니다. 공통은혜는 죄의 심각함에도 불구하고 죄를 억제하고 선을 산출할 수 있도록 하나님께서 신자나 불신자에게 공통으로 주신 은혜이고 이를 통해 모든 사람과 함께 할 수 있는 공통의 지반이 확보됩니다. 그러나 그리스도인이 학문을 포함한 문화 영역에 참여하는 동기와 이유는 공통은혜에서 오기보다는 오히려 그리스도를 통해 구원하시는 하나님의 특별은혜를 통해 이제 그리스도의 종이 되었기 때문에, 종으로서, 섬기는 이로서 창조 세계를 회복하시는 하나님의 사역에 동참해야 하기 때문입니다. 이런 배경에서 보면 우리가 하나님에 대해서, 진리 개념과 관련해서 너무 좁게 생각하지 않았나 하는 생각을 하게 됩니다. 하나님은 만유의 주이시고 참되고 아름답고 선한 것들은 모두 하나님의 것인데 말이지요.

∞ 강 교수님께서 계속 지적해 주셨듯이 과학뿐만 아니라 다른 모든 분야에서도, 창조과학 방식이 아닌 새로운 접근이 필요해 보입니다.

우종학 제가 종종 하는 이야기지만, 기독교적 축구는 없습니다. 물론 축구를 기독교 정신에 맞게 할 수는 있겠지요. 축구 규칙에 맞게 열심히 뛰고, 골을 넣기 위해 최선을 다하고, 심판을 속이는 행위를 하지 않는 것이 기독교 정신에 맞는 축구이지, 기독교와 축구를 합해서 기독교적 축구를 만들 수는 없습니다. 가령, 태클이 너무 폭력적이라고 축구에서 태클을 못하게 규정을 바꾼다든지 헤딩을 못하게 한다든지 하면 그건 축구가 아닌 다른 스포츠가 되어 버립니다. 과학도 기독교적 과학을 만들면, 과학이 아닌 다른 뭔가가 됩니다. 창조과학처럼 말이죠.

강영안　좋은 과학이 기독교 과학이고, 좋은 축구가 기독교 축구죠. 철학도 마찬가지입니다. 좋은 철학이 기독교 철학입니다. 그러므로 제대로 하려고 해야지요. 철학을 하면서 성경 몇 마디 인용하고 경건한 모습을 보인다고 좋은 철학일 수는 없고 따라서 기독교 철학일 수도 없습니다.

우종학　맞습니다. 알리스터 맥그래스의 말을 빌리면, 과학의 서사가 있고 종교의 서사가 있습니다. 예를 들어 정자와 난자가 만나 수정이 이루어지고, 단세포에서 세포 분열을 해서 열 달 후에 아이가 태어나 성인이 되었다는 게 과학적 서사라면, 우리 부모님이 사랑을 해서 나를 낳았고, 정성을 다해 길러서 오늘날 내가 되었다는 건 과학적 서사와는 다른 또 하나의 서사입니다. 이 두 서사를 독립적으로 읽어야 각각 의미가 있지, 둘을 섞어서 읽으면 두 서사가 모두 망가집니다. 가령 정자와 난자가 만났는데, 여기서 갑자기 천사가 들어와서 세포를 분열시켰다고 하면서 과학적 서사와 종교적 서사를 섞으면 곤란해지는 것이죠.

학문이나 특정 분야의 내적 통일성을 해쳐서는 안 됩니다. 과학을 과학답게, 축구를 축구답게 하면 됩니다. 그런 과학과 축구를 두고 어떤 사람은 기독교적이라고 하고 어떤 사람은 불

맥그래스의 말을 빌리면, 과학의 서사
가 있고 종교의 서사가 있습니다. 두
서사를 독립적으로 읽어야지 둘을 섞
으면 두 서사가 모두 망가집니다.

◈ 알리스터 맥그래스 Alister E. McGrath, 1953-

교적이라고 할 수도 있습니다. 그래서 여기서 끝나는 게 아닙니
다. 과학이 밝힌 내용을 기독교적 서사로 어떻게 해석하고 의미
를 부여할지를 놓고 또 다른 차원에서 통합이 일어나야 합니다.
서사 자체를 섞거나 고유한 방법론의 범주를 넘으면 곤란해집
니다. 개별 분야는 독립된 영역으로 두면서도 거기서 나온 결과
들을 종합해서 해석하는 쪽이 바람직하다고 봅니다.

강영안 차원의 구별이죠. 과학도 예술도, 좁은 의미의 종
교도 이론적 차원이 있고 실천적 차원이 있습니다. 각 이론적
차원에서는 비판적 태도가 필요합니다. 무엇이 참이고 거짓인
지를 구별해서 참된 것을 선택해야 합니다. 그리고 그에 따라
행동하는 차원이 예술에도 정치에도 과학에도 있습니다.

모든 지식이 궁극적으로는 평화와 정의를 가져오는 데 기
여해야 하지만, 그래야만 참된 지식이라고 말할 수는 없습니다.

지적 탐구의 고유한 의미가 있다고 저는 봅니다. 프란시스 베이컨이 말한 "아는 것이 힘이다"는 "과학은 힘이다"라는 뜻인데, 그때의 힘은 내 이익을 증진하자는 의미보다는 아는 것(과학)을 통해서 가난한 사람들은 가난을 극복할 수 있고 병든 자들은 질병에서 해방될 수 있다는 의미입니다. 말하자면 과학적 지식의 목적은 사랑을 실천하는 데 있다는 것입니다. 그런데 이 말을 사랑을 실천하지 않는 과학은 못된 과학이고 허위 과학이다, 라고 판단하는 기준으로 사용하면 안 됩니다. 표방할 가치이자 연구의 목적으로 설정할 수는 있어도 그것을 어떤 기준으로 설정하면 공산주의 과학이 됩니다. 공산 사회를 건설하는 데 기여하는 지식만이 참된 지식이라고 못 박아 버리면 진정한 지적 탐구는 불가능해집니다. 실천적 목적을 위해서만 과학이 기능하면 그런 일이 벌어집니다. 과학은 그 자체로서 고유한 의미가 있습니다. 물리화학을 하던 마이클 폴라니가 결국 철학으로 전향하여 철학 공부를 한 까닭도 러시아 혁명 이후 부카린을 만났을 때 러시아에서는 농부들도 과학을 한다는 말을 듣고 경악했기 때문입니다. 과학이 고유한 방식을 따라 연구를 해야 제대로 하나님의 창조 세계를 연구할 수 있지, 우리 자신이 알고 있는 좁은 범위의 신앙을 정당화하려고 과학을 한다고 주장하면, 공산 사회에서나 볼 수 있는, 이념에 사로잡힌 사이비 과학이 나올 수밖에 없지요.

　하지만 신앙의 관점에서 본다면, 우리의 모든 판단이나 행동은 진실과 정의와 평화에 기여해야 하고, 그래서 죽이기보다는 살리고, 갈등이나 불화보다는 평화를 가져와야 하듯이, 과학도 그런 위치를 점하고 있다고 말할 수 있습니다. 기독교 신앙을 가지지 않은 과학자라도 자신들의 지적 활동이 인간 사회의 죽음이나 불안, 갈등을 만들어 내는 것을 바라지는 않을 겁니다. 이 점에서 기독교 신앙을 가지지 않은 사람들도 동의할 수 있는, 어떤 공통의 가치로 설정할 수 있는 부분이 있지 않은가 합니다. 군이 하나의 개념으로 말한다면 '공동선'common good 이 그것이 아닐까 생각합니다.

　∞　과학을 과학의 논리대로 연구해도 기독교와 접점을 찾을 수 있다는 말씀이 새롭게 다가옵니다. 창조과학을 비롯해서 그와 유사한 태도들은 여러 전문 분야를 기독교에 끌어다 붙여 접점을 만드는 방식이었습니다. 그에 반해 과학이든 예술이든 정치든 경제든 각 분야가 독립적으로 실재를 탐구해 발견한 진리가 기독교의 진리로 재발견될 수 있다는 점이 흥미롭습니다.

성경 바깥의 진리, 기독교의 역습

강영안　과학이나 정치나 경제나 예술, 삶의 모든 영역이 각각 현실의 한 측면을 보여주는 것이거든요. 서로 깊이 연관이 돼 있으면서도, 각각 다른 방식으로 현실의 한 측면을 보여주는 노력임을 인정하는 게 중요합니다. 하나님의 진리를 여러 통로로 체험할 수 있는데, 예술이 그 영역이 될 수도 있고, 과학도 그 한 영역이죠. 물론 활동 내용이 매우 다르지만, 그럼에도 불구하고 우리가 예술을 통해서 열림의 경험, 폐쇄되고 갇히기보다는 자유로워지는 경험, 참된 것이 가져오는 자유의 경험을 하는 것처럼, 과학을 통해서도 경험할 수 있고, 또한 좁은 의미의 종교적 활동을 통해서도 경험할 수 있습니다. 이처럼 진리를 드러내는 여러 활동 중 하나로 수용하는 것이, 과학이든 그 무엇이든 제대로 보는 태도가 아닐까 합니다.

우종학　성경을 읽으면서 하나님에 관해 많이 배울 수 있지만, 하나님의 성품을 반영한 창조 세계를 이해하고 그 서사를 배우면서도 하나님을 참 많이 알게 됩니다. 결국은 과학이 기독교 신앙을 새롭게 조명하도록 돕는 아주 좋은 콘텐츠일 수 있는데, 이걸 많이 놓치고 있는 거죠.

<u>강영안</u>   칼뱅이 『기독교 강요』 1권에서 이야기했듯이, 우리는 하나님에 관해서 성경에서뿐만 아니라 과학자들의 연구를 통해서 배울 수 있습니다. 물론 칼뱅은 성경이라는 안경을 이야기합니다. 안경의 비유를 사용했다는 것은 이미 우리가 참된 것, 하나님과 하나님의 창조 세계를 인식할 수 있다고 칼뱅이 전제하는 것이고, 그러므로 성경만을 통해서 진리를 파악할 수 있다는 것은 기독교 진리의 일부만을 이야기하는 것입니다.

이번 베리타스포럼에서도 누가 "성경만이 진리인가"라고 물었는데, 성경 바깥에도 얼마든지 진리가 존재할 수가 있죠. 물론 성경을 통해서 보니까 그게 다 하나님의 진리인 줄 알게 됩니다. 성경을 통해서 하나님이 천지를 창조했다고 배우기 때문입니다. 성경을 통해 배웠지만, 성경에 나와 있는 것만을 진리라고 하는 게 아니라, 성경 바깥에서도 진리를 발견할 수 있고 실제로 있습니다. 모든 것이 하나님의 창조 세계이며, 하나님께서 간섭하시고 오늘도 이 세계를 붙들고 계시다는 성경의 가르침을 통해서 보면 그렇죠.

우리는 성경 바깥에서도 심지어 기독교 신앙 바깥에서도 하나님이 보여주시는 참된 것들을 발견할 수 있습니다. 나는 그게 오히려 기독교적이고 성경적이 아닌가 생각합니다. 만일 우리가 그런 지적 태도와 윤리적 태도를 수용할 수 있다면, 현재 우리가 문제 삼고, 사람들이 배격하는 많은 것들을 지금과는 다른 방식으로 이해하고 해결할 수 있다고 봅니다. 그런데 현재 우리가 교회에서 경험할 수 있는 것은 너무 좁게 보고 대응하는 것들이죠.

   ∞   한국 교회가 크고 무거운 숙제를 새로 떠안은 듯한데요. 하나하나 실마리를 잘 풀어나가면 좋겠습니다. 아무쪼록 이번 대담과 먼저 이루어진 두 분의 강연을 통해 한국 교회와 그리스도인이 하나님께서 만드신 세계와 그 세계의 진실에 과감하게 한 발 더 다가서는 계기가 마련되면 좋겠습니다. 긴 시간 감사합니다.

먹고살기 팍팍한 시대에 살고 있습니다. 이러한 시대에 진리니, 존재니, 하는 논의는 왠지 딴 세상 이야기 같이 들립니다. 하지만 인간이 먹고사는 생존 문제에만 급급하다면 동물과 비교해서 그리 다를 바가 없을 것입니다. 직장과 결혼과 자녀를 포기한 젊은 세대나, 은퇴 후 황혼에 접어든 노인 세대나 할 것 없이, 매일의 삶에서 어떤 의미를 찾지 못한다면, 그리고 삶에서 맞닥뜨리는 다양한 만남과 관계 속에서 나라는 존재를 확인할 수 없다면, 인생을 유지할 힘을 그 어디서도 얻기 어려울 것입니다.

"그건 님 생각이고"라는 표현이 대변하듯이, 모든 것이 상대화된 듯한 시대, 교양과 상식을 벗어나지만 않으면 모든 것이 허용되는 듯한 시대지만, 우리는 여전히 근원적 질문을 떨쳐 버릴 수가 없습니다. 그것은 바로, "나는 어떻게 살아야 하는가?", "나는 제대로 살고 있는 걸까?"라는 성찰의 질문입니다.

열심히 저축하고 이 정도 보험과 연금이면 미래가 괜찮을까? 내 직장은 언제까지 유지될까? 내 외모는 충분히 예쁘고 멋져 보일까? 집값은 언제 내릴까? 이 같은 질문들이 우리에게는 끝없이 떠오릅니다. 그러나 내면에서 던지는 성찰의 질문은 그보다 더 깊숙이, 우리의 존재에 관해, 관계에 관해, 그리고 이 모든 것들의 의미에 관해 묻습니다.

과학은 우리가 질문하는 방식과 답하는 방식에 커다란 변화를 주었습니다. 엄청난 양의 정량적인 정보와 경험적 자료들은 우리가 사물을 인식하고 파악하는 바탕이자 첫 단추가 됩니다. 과학이 가져다준 자연에 대한 인식은 자연 안에 위치한 인간에 대한 관점도 마찬가지로 크게 변화시켰습니다. 누구나 동의할 만한 어떤 주장이라면 왠지 과학적 근거와 증거가 있어야 한다는 생각이 이미 상식으로 자리 잡았습니다.

21세기를 사는 우리는 수천 년 전이나 수백 년 전 사람들에 비해 훨씬 더 많이 우리 자신에 대해, 우주와 지구와 생명의 세계에 대해 알게 되었습니다. 그러나 여전히 우리의 삶은, 우리가 사는 우주는 미지의 영역으로 가득합니다. 우리가 던지는 질문들이 종종 만족스러운 답을 얻기도 하지만, 여전히 우리 삶은 답을 얻지 못한 질문들로 가득합니다. 과학의 발전이 근원적인 성찰의 질문에 얼마나 많은 답을 주었는지는 쉽게 답하기 어렵습니다.

나는 왜 이 글을 쓰고 있는 걸까요? 나는 왜 존재하는 것일

까요? 그리고 내가 존재하는 의미는 과연 무엇일까요? 이 질문
들에 바르게 답할 수 있다면, 아마도 나는 훨씬 가치 있고 멋들
어지게 살 수 있을지 모릅니다. 물론, 진리를 묻는 질문 앞에 돌
아오는 답이 명료하면 명료할수록 오히려 답이 아닐 가능성이
큽니다. 답이 없는 듯 고민하게 만드는 질문은, 오히려 그 질문
자체가 답일 수도 있습니다. 치밀한 논리로 산뜻하게 구성된 답
변보다 미지의 영역으로 남겨진 질문이 우리의 삶을 더욱 성찰
하고 의미를 찾게 만들어서, 삶을 이끌어가는 동력을 제공해 주
는지도 모릅니다.

　　존재하는 것들에 관한 질문 앞에서 철학자나 과학자나 별
로 다를 바가 없습니다. 철학자와 과학자는 모두 질문하는 사람
입니다. 삶에서 만나는 존재들, 그것이 인간의 내면이든 사회현
상이든 우주의 대상이든 간에 그 존재들이 던지는 질문에 답하
는 일이 학자의 삶이기 때문입니다. 이 책을 통해 한 사람의 철
학자와 한 사람의 과학자가 존재하는 것들에 관해 질문하고 답
하며 사유한 내용은 흥미롭게도 매우 유사합니다. 철학과 과학
이라는 서로 다른 분야에서 다른 방식으로 사물을 보고 생각하
도록 훈련받았지만, 진리 앞에서 던지는 질문은 한 방향을 향하
고 그 대답은 서로 공명합니다. 짧은 강의를 바탕으로 구성한 내
용이라 더 깊은 사유와 대화를 담지 못한 것이 아쉽지만, 하나의

화살이 과녁을 통과하듯 의미 있는 접점을 확인한 것만으로도 뿌듯한 일이 아닐까 합니다.

진리를 묻는 질문 앞에 돌아오는 답이 명료하면 명료할수록 오히려 답이 아닐 가능성이 큽니다. 답이 없는 듯 고민하게 만드는 질문은, 오히려 그 질문 자체가 답일 수도 있습니다.

존재하는 것들에 관한 질문 앞에서는 그리스도인이나 비그리스도인이나 별로 다르지 않을 수 있습니다. 우리가 일상에서 만나는 바람과 나무와 꽃과 하늘, 그리고 다양한 생김새의 사람들이 존재에 관해 던지는 질문은 나와 공동체에 대한 성찰을, 더불어 끊임없는 겸손을 우리에게 요구하기 때문입니다. 질문하는 사람이라면, 답을 구하는 사람이라면, 의미를 찾는 사람이라면 누구나, 존재하는 것들과 만나는 경험을 매일매일 붙들고, 끝없이 자신을 되돌아보며 살기 때문입니다. 그 방향으로 우리 삶이 한발 한발 걸어가는 데 이 책이 작은 도움이 되길 바랍니다.